Les vaches à lait deviennent folles … DE RAGE !!!

Sottil

Éditions: BoD – Books on Demand,
12/14 rond-point des Champs-Élysées, 75008
Paris.
Impression: BoD - Books on
Demand, Norderstedt, Allemagne

ISBN-13 : 9782322091652

Dépôt légal : Décembre 2018

Table des matières

<u>PREFACE</u>

Eh bien on y est ! Me voilà assis devant cette page blanche, ne sachant pas vraiment par où commencer.

Ce que je sais par contre, c'est que j'en ai assez !

J'en ai assez d'être constamment en colère, et de subir sans réagir.

J'en ai assez, tous les soirs, de m'installer devant les informations et voir toutes ces idioties ! Cette déferlante de débilités, toutes plus incroyables les unes que les autres et malheureusement de plus en plus énormes.

J'en ai assez de me retrouver en permanence à devoir subir de nouvelles restrictions, devoir faire face en continu à des choix qui me sont imposés par des cols blancs, non par pour m'améliorer la vie, mais dictés par des lobbyistes sans scrupules n'obéissant qu'à l'appât du gain.

Cependant, depuis un certain temps, à chaque fois que j'ai l'occasion de discuter avec d'autres personnes, que ce soient mes voisins, mes amis, ma famille, des inconnus rencontrés dans un commerce, … j'ai remarqué une chose qu'ils ont quasiment tous en commun : Ils en ont tous marre !

Ils en ont ras-le-bol !

Ils ne sont absolument pas satisfaits de leurs vies actuelles ! Ou plutôt devrais-je dire par la vie qui leur est imposée.

Il faut dire que le monde ne tourne plus vraiment rond.

Aujourd'hui, tout est dicté par l'argent ! La rentabilité et les bénéfices prennent le pas sur la qualité, la logique, l'humanité, l'honneur, le respect de soi et des autres. Et personne n'en a jamais assez. Il en faut toujours plus.

Le problème est que la plupart du temps, il faut écraser les plus modeste, mais cela ne dérange plus personne. La honte n'est plus un fardeau mais un mode de vie que l'on ne s'embête même plus à dissimuler tellement certaines personnes se sentent si puissantes, si intouchables, si supérieurs.

Prenez l'actualité du moment avec les gilets jaunes, le gouvernement se cache sous l'excuse de ne pas avoir de leader avec qui échanger. Mais pourtant les revendications sont clairement expliquées ! Pas besoin de leader pour comprendre que les gens veulent simplement pouvoir vivre dignement, sans peur du lendemain, avec un minimum de loisirs et de bonheur.

Et puis lorsque les citoyens manifestent, c'est pour exprimer leurs colères. Je ne vois donc pas pourquoi il faut demander une autorisation pour cela. Après c'est trop facile de les parquer dans un coin bien tranquille pour ne pas être trop dérangé ! C'est bien une preuve supplémentaire d'irrespect des puissants envers le peuple.

Prenez aussi les publicités pour les médicaments qui fleurissent un peu partout. Ce sont des produits pour la santé !!! Y à que moi que ça choque ???

D'ailleurs, pour ce qui est de la publicité en générale, j'en fait simplement une overdose. Que ce soit à la télé, sur internet, dans les rues, dans les boites aux lettre (vive l'écologie) ou encore au téléphone !!! Ça commence vraiment à faire beaucoup trop ! Si les chaines ont tant besoin que ça d'argent, elles n'ont cas réduire les salaires mirobolants des présentateurs (entre autres), ou les gains de certains jeux TV, complètement déconnectés du reste des citoyens.

Et que dire des frais de succession lorsqu'un proche décède ? On paye toute notre vie et même une fois mort, on continu à nous voler.

Ou encore les frais de notaires exorbitants lors de transaction immobilière.

Quant au montant des loyers ou les prix de l'immobilier,

c'est devenu juste plus possible.

Etc. etc. etc. …. A croire que le monde est tombé sur la tête.

C'est pourquoi, lors de ces conversations, ce sont les mêmes répliques qui reviennent en permanence du genre : « ce n'est plus possible », « je n'y arrive plus », « ça ne peut plus continuer comme ça », « il va y avoir une révolution », « ça va finir par péter », etc. ….

En ce qui me concerne, je suis exactement dans ce même état d'esprit. Mais que faire ?

Les grèves à répétition n'ont absolument plus aucun effet, elles sont devenues « banales » (d'autant que certains grands partis étant à l'origine de ses mouvements sont eux aussi bien souvent corrompus par le mal du moment : l'argent). Et puis bloquer nos compatriotes qui sont dans la même galère, ce n'est pas ce qu'il y a de plus juste. D'autant que le résultat est rarement au rendez-vous.

Alors plutôt que de me joindre au cortège, j'ai voulu essayer une autre alternative. Le peuple n'étant pas entendu par ceux d'en haut n'apportant aucune réponse concrète, j'ai décidé d'écrire ce livre afin de proposer des idées simplement logiques et faisant appel au bon sens, et surtout libres de toute influence de ces fameux lobbyistes. Je n'ai pas la prétention de croire que j'ai la science infuse ou que j'ai la réponse à tous les problèmes de ce pays. Pour moi, il fait aussi office d'exutoire. J'ai besoin de relâcher toute cette pression, toute cette colère qui va finir par me rendre malade. Mais bien que je n'ai pas fait l'ENA, bien souvent la solution la plus simple est la meilleure.

A travers ces pages, je vais donc vous exposer ce qui pour moi me parait intéressant à mettre en place afin de pouvoir redonner une vie honorable et respectueuse à l'ensemble de nos concitoyens.

INTRODUCTION

Lorsque je repense à mes cours d'histoire que j'ai reçu quand j'étais plus jeune à l'école ou au collège, certaines images me viennent automatiquement en tête. Un groupe d'australopithèques dans la savane autour d'un arbre isolé, des légions romaines sur un champ de bataille en train de décimer une pseudo-armée de villageois, ou bien encore des chevaliers dans un Château Fort. Mais l'image qui revient le plus régulièrement est celle de pauvres paysans, vivant dans la misère la plus totale, et devant donner la quasi-totalité de leurs récoltes au souverain en train de ripailler outrageusement.

Et à chaque fois je ne peux m'empêcher de comparer avec le monde actuel. Alors certes, nous ne vivons plus dans des taudis à même le sol, couchés sur de la paille au milieu des bêtes. Oui notre régime alimentaire est plus varié et de meilleure qualité. Oui l'hygiène et la santé se sont considérablement améliorées. Mais pour ce qui concerne la vie de tous les jours, le fonctionnement des règles de vie au sein de la population, eh bien pour moi ça n'a pas changé ! Ou tout du moins j'ai la sensation d'être revenu plusieurs siècles en arrière. Le sac de récolte a simplement été remplacé par le salaire à la fin du mois. La seule différence est qu'au Moyen Age, le pouvoir qui avait toute puissance faisait cela sans fioriture tandis que maintenant, ils font ça plus subtilement. Mais finalement, entre les impôts locaux et fonciers, les impôts sur le revenu, la TVA sur TOUT ce que nous achetons et les différentes taxes qu'ils nous rajoutent quasiment quotidiennement, on peut dire que le sac de récolte y passe pratiquement entièrement. D'autant que si l'on rajoute le montant des loyers exorbitants, les tarifs de gaz, d'électricité, de carburant, d'assurance, … qui ne cessent d'augmenter, alors que, malgré ce que certain essayent de nous faire croire, la contenance du sac de récolte, elle, n'a pas bougé d'un iota, inutile d'avoir fait un BAC +42 pour comprendre qu'à un moment, le sac de récolte ne suffira plus !

Et je crois que l'on arrive justement à cette limite. Mais ce qu'il faut savoir, c'est que tout au long de l'histoire, chaque fois que cette fameuse limite a été atteinte, cela a débouché sur une révolution et parfois des têtes sont tombées !

Surtout si l'on ajoute à cette partie financière le fait que le modèle démocratique en lui-même est touché !

Aujourd'hui, la pensée du peuple n'est plus écoutée. Le gouvernement fait mine de l'entendre mais il n'en tient pas compte. Même la devise de la France n'a plus de sens :

-   **LIBERTE** : de plus en plus limitée puisque comme nous allons le voir un peu plus loin, la possibilité de vivre libre sans règles préétablies devient quasiment impossible et le peu de liberté qu'il nous reste diminue à vue d'œil. Aujourd'hui, j'ai l'impression que quoi que je fasse, cela m'est interdit ou réglementé. La seule chose qui m'est autorisée de faire, c'est payer mes factures et mes taxes.

- **EGALITE** : en effet, les riches sont égaux aux riches et les pauvres aux pauvres.

- **FRATERNITE** : Le gouvernement, bien aidé par les médias, fait tout ce qu'il peut pour créer des clans. Les hommes contre les femmes, les riches contre les pauvres, les jeunes contre les plus anciens, les salariés contre les employeurs, le privé contre le publique, les hétérosexuels contre les homosexuels, … tout est prétexte à créer des polémiques et un sentiment de concurrence. Si vous ne me croyez pas, écoutez les journaux télévisés ou lisez un article et vous verrez que à chaque fois, même lorsqu'il n'y a pas besoin d'être, ils insisteront sur un des thèmes cités précédemment. Combien de fois alors que l'article ou le reportage présente un produit ou une entreprise, la présentatrice ou le présentateur insiste sur le fait que ce soit une femme qui en soit à la tête. Ou bien lorsqu'un sportif réalise un record, pourquoi faut-il qu'ils placent dans l'interview le fait qu'il soit homosexuel. Est-ce que cela apporte un intérêt à sa performance ? Personnellement j'apprécie le résultat, peu importe que ce soit un homme, une femme, un hétéro ou un homo. Et honnêtement, en général, c'est quelque chose que je n'ai même pas à l'esprit avant qu'ils abordent le sujet. C'est bien la preuve que ce sont eux qui créent la polémique. Un autre exemple, le fait de vouloir un nombre égal d'hommes et de femmes aux gouvernements. Je préfèrerais que les personnes soient choisies en fonction de leurs CV et de leurs compétences plutôt que par leurs sexes. Encore une fois, peu importe qu'il n'y ait que des hommes ou que des femmes du moments que le travail est excellent. Et ceci n'est qu'un exemple parmi tant d'autres ! Cependant, je voudrais simplement mettre un bémol. Tout n'est pas rose et j'ai bien conscience qu'il existe effectivement des choses à améliorer comme par exemple les salaires égaux pour les hommes et les femmes. Il y a donc déjà bien assez à faire sans qu'il y ait besoin d'empirer les choses.

En ce qui me concerne, j'ai décidé que j'en avait assez d'être un mouton, à suivre bêtement la vie que certains « énarques » avaient décidé pour moi, uniquement dans leurs propres intérêts, ce moquant de savoir si cette vie me plaisait ou pas. Je n'ai qu'une vie et je n'ai pas envie de la gâcher à servir des personnes qui ne m'apportent que des soucis en retour, ne pensant qu'au pouvoir et à l'argent.

Car oui, vous allez voir qu'il existe des solutions afin de pouvoir vivre une vie digne et heureuse. Nous ne sommes pas obligés de continuer ainsi. Et puis, il est encore possible de rêver alors profitons-en avant qu'une nouvelle taxe voie le jour !!!

I. <u>L'automobile</u>

Si il existait un classement regroupant les différents domaines dans lesquels les français se considèrent comme des vaches à lait, celui de l'automobile serait à coup sûr sur le podium. Il a même de très grande chance de se retrouver sur la plus haute marche.

Il suffit de regarder les reportages sur le sujet, ou bien simplement écouter les commentaires des personnes autour de nous pour s'en rendre compte. Il faut dire qu'entre les radars qui poussent comme des champignons, les prix des péages, du carburant, des contrôles techniques, des horodateurs ainsi que celui des fourrières qui ne cessent d'augmenter, il y a de quoi se poser des questions.

A. <u>LA SECURITE ROUTIERE</u>

Il est évident que depuis la création de l'automobile à la fin du XIXème, la sécurité routière a considérablement évolué. Et cela est bien évidement une bonne chose. Aujourd'hui encore, elle progresse chaque jour un peu plus. Que ce soit dans la conception de véhicules plus sûrs, bardés de capteurs, d'assistances à la conduite et d'airbags. Dans l'ingénierie des pneumatiques, permettant de garder le contrôle du véhicule même dans des conditions drastiques. Ou encore la construction de routes du futur hyperconnectées. Mais malgré tous ces efforts, à partir du moment où des masses se retrouvent en mouvement, il existe obligatoirement un risque d'accident. Que ce soit dû à une erreur humaine ou même à celle d'un ordinateur, le risque zéro n'existe pas ! On peut tenter de s'en rapprocher au maximum mais on ne pourra jamais l'atteindre. C'est tout simplement impossible.

Or, comme pour la plupart du temps, les choix de nos dirigeants sont basés sur des tableaux théoriques expliquant, par exemple, que plus on va vite, plus on a de risque d'accidents et plus ces accidents sont potentiellement violents. En effet, cela parait logique. Du coup, la réponse à apporter pour faire baisser le nombre d'accident est qu'il suffit d'abaisser la vitesse. Alors ils ont installé des radars le long des routes.

Au départ, je pense que cela était une bonne idée puisque en effet, rouler à plus de 200 sur une départementale ou bien à 80 en centre-ville est bien évidemment une conduite extrêmement dangereuse qu'il faut empêcher. D'ailleurs les résultats ne se sont pas faits attendre bien longtemps. Mais lorsque l'Etat a vu le montant des recettes qu'il pouvait engranger avec ces appareils, c'est à ce moment-là que ça a commencé à « déraper » (pardon pour le jeu de mot).

Aujourd'hui, sous prétexte de sécurité routière, ils ramassent des millions, voir des milliards (comme toujours en France, obtenir des chiffres vrais et réels relèvent du divin).

Très franchement, avec l'évolution des véhicules et des pneumatiques abordés un peu plus haut, vous croyez réellement que rouler à 95 km/h est beaucoup plus dangereux que de rouler à 90 ? Et pourtant la plupart des personnes que je connais, et qui ont été flashé, l'ont été pour des dépassements de cet ordre !

Alors lorsque l'on me ressort la logique du plus on va vite plus c'est dangereux, je dis oui pour des grands excès mais j'ai du mal à l'accepter pour quelques km/h ! Ou bien soyons bête jusqu'au bout et pour être certain qu'il n'y ait plus d'accident, il faut limiter la vitesse à 0 km/h ! Et même en allant encore plus loin, si on faisait rouler les gens en marche arrière, ils pourraient ressusciter !!!

Vous comprenez bien qu'il existe une limite à cette théorie et qu'à partir d'un certain seuil, cette fausse excuse ne tient plus. D'autant que la vitesse n'est pas la seule responsable des accidents. L'alcool et les stupéfiants sont tout aussi important à gérer mais les radars ne s'en occupent pas !

Un autre point important est l'usage du téléphone en voiture. Lorsque que l'on est derrière un volant, et cela est encore plus vrai derrière un guidon, il est primordial d'être libre dans ses mouvements ! Et tenir un objet, que ce soit un téléphone, un sandwich, un crayon de maquillage ou quoi que ce soit d'autre ne permet pas de pouvoir réagir avec toute la nécessité en cas de problème. Il est donc normal que cela soit interdit au volant. D'autant que certains inconscients ne se privent pas pour carrément envoyer des sms.

Cependant, ce que je ne comprends pas c'est l'interdiction du kit main libre. Cet appareil, au nom plus qu'évocateur, a été justement conçu pour que les gens puissent garder leurs mains sur le volant et donc pouvoir réagir librement en cas de nécessité. Et aujourd'hui ils veulent l'interdire ? Qui plus est alors que l'utilisation du système Bluetooth est autorisé !

J'aimerais que l'on m'explique la différence entre utiliser son téléphone avec un kit main libre et utiliser un kit Bluetooth ? Dans les deux cas on se retrouve en train de converser avec une autre personne en ligne. La seule différence est le fil ! Et je ne pense pas que ce petit bout de fil soit réellement très dangereux .... Au contraire, le Bluetooth fait partie de cette nouvelle génération d'appareils qui génèrent des ondes dont la nocivité n'est pas encore très clairement définie.

Et puis entre nous, lorsqu'ils nous expliquent que l'on perd de la concentration en parlant au téléphone. Bien sûr, on est obligatoirement moins concentré sur la route, mais tout comme lorsque l'on parle avec un passager ou que l'on écoute la radio et que l'on est pris par une musique entrainante ou une émission intéressante. Alors faut-il interdire de parler en voiture avec nos passagers et interdire le poste de radio ?

A force de miser sur le tout répressif et tout interdire, quand ce n'est pas pour s'en prendre au porte-monnaie, les gens commencent à en avoir ras le bol et vont finir par ne plus respecter aucune interdiction ! Résultat : toutes ces règles n'auront plus aucunes influences et le nombre d'accident repartira à la hausse.

De mon point de vue, il faudrait commencer par la base. C'est-à-dire que **chaque conducteur soit maître de son véhicule** et qu'il sache le maîtriser **dans n'importe quelle situation**. Aujourd'hui, j'ai l'impression que c'est une obligation d'avoir son permis, pour peu que l'on ait pu se payer l'inscription en autoécole. Or, le permis de conduire ressemble très fortement à un diplôme puisqu'il faut prendre des leçons puis passer un examen pour avoir le droit de conduire un véhicule. D'ailleurs au début, il s'appelait « certificat de capacité ».

Je trouve donc logique que, comme c'est le cas pour chaque diplôme, **les personnes n'étant pas en mesure de prouver leurs connaissances et leurs aptitudes à conduire correctement ne devraient pas se retrouver derrière en volant.**

Et pourtant, on rencontre très fréquemment des personnes crispées, accrochées à leur volant, incapables ou tétanisées à l'idée de faire une simple marche arrière. C'est peut-être méchant de ma part mais ces personnes ne devraient pas pouvoir conduire. Elles sont tout aussi dangereuse que le fou de vitesse car si à la moindre petite chose, elle se mettent à paniquer, le moindre petit geste où la mauvaise réaction peut très facilement déboucher sur une embardée.

Car ce qu'il faut savoir, c'est que lorsque votre véhicule commence à glisser, que ce soit en survirage ou en sous-virage, sur la neige ou en aquaplaning, il existe bien souvent des gestes techniques qui permet de pouvoir garder ou reprendre le contrôle de ce véhicule et de se retrouver à nouveau en parfaite sécurité. Mais malheureusement ces techniques ne sont pas (ou à peine) abordées durant les 20 h que dure la préparation au permis. Je pense qu'il serait intéressant d'intégrer une partie technique, un « plateau » comme c'est le cas pour le permis moto ou poids-lourds, qui se déroulerait sur un circuit spécialisé ou dans un endroit fermé à la circulation, afin de pouvoir apprendre ces techniques et manœuvres en sécurité. Je pense bien sûr à tous les gestes et méthodes pour maitriser les situations décrites précédemment (avec par exemple des cadres montés sur roulettes installés sous le véhicule pour reproduire une perte d'adhérence), mais aussi créneaux, parking en épis, … ainsi que les essais d'Abs et de ESP car bien souvent les gens ne connaissent pas ces équipements et lorsqu'ils l'utilisent en cas d'urgence, je pense spécialement à l'ABS, lorsque la pédale se met à vibrer (comme si une roue dentée tournait sous la pédale), leur première réaction est de relâcher la pression sur la pédale et donc cela augmente la distance de freinage. J'en profiterais aussi pour leur faire changer une roue et apprendre les bases de la mécanique comme changer une ampoule de phare, faire le niveau d'huile, de liquide de refroidissement et de lave-glace. Le but n'étant pas d'en faire des pilotes de course ou des mécaniciens mais bel et bien qu'ils soient capables de rester maitres de leurs véhicules et de pouvoir ainsi éviter des accidents, qui pour l'heure, pourraient ne jamais avoir eu lieu. Et c'est seulement une fois cette partie technique validée qu'ils pourraient attaquer la partie circulation et enfin obtenir leur permis si l'ensemble a été correctement effectué.

Une fois ce fameux permis en poche, afin de s'assurer sur le long terme que ces détenteurs du papier rose (qui maintenant a pris la forme d'une carte d'identité) soient toujours aptes à réagir et rester maîtres de leurs véhicules comme il leur a été appris, je leur ferais **passer un « contrôle technique » régulièrement tout comme pour leur voiture.**

Cela prendrait la forme d'une visite médicale

à laquelle j'ajouterais un stage d'une journée en auto-école pour revoir les gestes techniques (théorique et pratique) et se tenir à jour au niveau code de la route et évolution technologique des équipements dans le véhicule.

Pour ce qui est du calendrier, j'imagine quelque chose du genre tous les 5 ans jusqu'à l'âge de 60 ans. Puis tous les 2 ans jusqu'à 70/75 ans. Et enfin tous les ans.

Cela permettrait d'avoir un suivi de chaque conducteur et d'être certain que les personnes prenant place derrière un volant ne deviennent pas des dangers après quelques années.

De plus, cela créerait de l'emploi puisqu'il faudrait recruter des personnes faisant passer ces tests. Et personnellement, je préfère payer un stage de 50€ plutôt qu'une amende pour un excès de vitesse de 2 km/h !

J'aimerais aussi simplement dire un mot sur la limitation à 80km/h. Tout comme la majorité des français, je suis contre cette mesure. Mais cela à au moins une chose d'intéressante, elle prouve très clairement que **pour le gouvernement, la définition de la démocratie française est :**

TOUT LE MONDE A LE DROIT DE DIRE CE QU'IL PENSE, DE TOUTE FACON ON S'EN FOUT, ON FAIT CE QUE L'ON VEUT !

Pour terminer cette partie sécurité routière, une autre mesure qui serait intéressante à mes yeux serait de mettre en place, tout comme pour le permis remorque ou le BSR, **un permis** (ou tout du moins un stage obligatoire) **pour conduire les camping-cars.**

Je n'ai rien inventé, c'est une remarque que j'entends régulièrement et que je trouve juste car ce sont des véhicules avec un gabarit beaucoup plus important qu'un véhicule lambda et dont la manœuvrabilité se trouve différente et plus difficile.

B.   <u>LA POLLUTION DUE A L'AUTOMOBILE</u>

Alors là on s'attaque à un gros dossier !
Il s'agit d'ailleurs d'une des raisons qui m'ont poussé à écrire se livre. Car je pense vraiment que l'on se moque de nous !
C'est le cas pour beaucoup de sujets mais pour ce qui est de la pollution automobile, je crois que l'on atteint des sommets !

Aujourd'hui, le jour où j'écris ces lignes, nous sommes le mardi 13 Novembre 2018. Dans quelques jours, le 17 plus exactement, une grosse manifestation est prévue. Elle a été organisée par des personnes comme vous et moi, étrangères (et écœurées) du milieu politique. Au départ, tout est parti d'une personne qui a mis un commentaire sur un réseau social suite à une énième augmentation des taxes sur le carburant. Et ce qui devait être un simple message, s'est transformé en la naissance d'un mouvement qui prends de plus en plus d'ampleur. J'ose espérer que les politiciens finissent par entendre les cris du peuple mais j'ai malheureusement peu d'espoirs. La seule chose qui me fasse y croire un peu est que les gens sont vraiment à bout et peut-être va-t-on passer un seuil ? Ou bien comme à chaque fois, le gouvernement arrivera, expliquera avec ces belles phrases qu'il nous a compris, qu'il va faire ce qu'il faut, les gens vont le croire et dans quelques semaines une nouvelle taxe viendra s'ajouter à la liste. L'avenir nous dira si je me trompe ou pas.

Pour l'heure, depuis que je suis gamin, j'entends dire que la voiture pollue. Notamment les véhicules diesels. Je me souviens étant petit, des reportages d'Ushuaïa dans lesquelles Nicolas Hulot tentait d'expliquer les méfaits du diesel. Ou encore d'émissions scientifiques qui prouvaient la nocivité de ces gaz.

Et pourtant, une vingtaine d'années ont passées et rien n'a changé. C'est même tout l'inverse puisque l'on a poussé les gens à croire qu'il fallait qu'ils achètent du diesel plutôt que de l'essence. Je parle en connaissance de cause puisque j'ai été commercial automobile. Mais je vous rassure cela n'a pas duré, ce n'est absolument pas un monde fait pour moi et je suis passé depuis dans le côté technique. Cependant, durant cette expérience, qui a néanmoins été très enrichissante dans bien des aspects, combien de fois j'ai dû me battre pour faire comprendre à mes clients qu'au vu de leur utilisation, une voiture essence était beaucoup plus intéressante pour eux, du fait qu'ils ne parcouraient pas un assez grand nombre de kilomètres à l'année, plutôt qu'un diesel ! Et malgré toutes les preuves que je pouvais leur fournir, leur bourrage de crâne avait été tellement important que bien souvent, ils repartaient tout de même avec le modèle diesel. Et pour ceux qui auraient un doute sur mes capacités de commercial, il en était de même avec tous les commerciaux de la concession ainsi que pour les « concurrents » que j'avais l'occasion de côtoyer lors de salons par exemple.

Mais le pire dans cette affaire, est de savoir que pendant un moment (je ne sais pas si c'est toujours d'actualité) la France exportait de l'essence alors qu'elle devait importer du gazole !

Et aujourd'hui, ils nous expliquent qu'ils rajoutent des taxes au nom de l'écologie !!!

Lorsqu'ils demandent au gens de ne plus prendre le train qui fonctionne à l'électricité et de se déplacer à la place dans des cars fonctionnants au diesel, est-ce que cela est écologique ?

Lorsque notre gouvernement se déplace tous les jours avec toute sa suite royale, son train de véhicules, ses vols en avions aux quatre coins du monde au lieu de faire des visioconférences, est-ce écologique ?

Et puis mettre des taxes pour demander au gens de devenir plus écolos mais sans proposer de réelles alternatives (que ce soit en offres plus que restreint sur le marché des véhicules propres ou bien la gratuité des transports en commun comme c'est le cas uniquement dans certaines villes), est-ce vraiment pour des fins écologiques ou plutôt économiques ?

Et enfin, imaginons que vous ayez les moyens de vous payer une voiture dernière génération voir électrique, vous faites reprendre votre diesel, vous croyez que votre véhicule est emmené à la casse ? Hormis les véhicules les plus anciens, la plupart sont revendus à des entreprises spécialisées dans l'exportation dans les pays pauvres. Donc au final, votre vieux diesel ne pollue plus en France mais dans une autre partie du globe et vous, vous avez dépensé une grosse somme d'argent pour acheter un véhicule neuf (qui sera à son tour obsolète dans quelques années) et donc fait tourner l'économie.

Le pire étant les véhicules électriques pour lesquels vous devez louer des batteries tous les mois. Je ne comprends pas comment les gens peuvent se faire avoir avec une bêtise pareille !!! Il s'agit ni plus ni moins que d'une taxe déguisée ! Lorsque vous achetez un téléphone, un ordinateur, une perceuse, est-ce que vous louez vos batteries ? Sous prétexte de faire baisser le prix du véhicule, ils ont réussi à vous faire croire que vous deviez leur verser de l'argent tous les mois, comme lorsque vous passiez à la pompe faire le plein.

Pourtant il existe des alternatives beaucoup plus intéressantes financièrement !

Au jour d'**aujourd'hui**, l'alternative existante la plus intéressante est de **rouler en véhicule essence équipé au GPL ou éthanol**. J'ai récemment fait un rapide calcul car je recherche actuellement un fourgon pour mon activité, mais il n'existe pas de version essence en commercialisation. Le prix du diesel à la pompe est à environ 1.53€ le litre le jour où j'écris ce paragraphe, avec un fourgon consommant 10L au 100 km, cela revient donc à 0.153€ au km. Maintenant, avec un GPL à 0.69€/L, même avec un moteur essence V8 consommant 20L au 100 km, cela reviendrait à 0.138€/L ! Il devient donc plus intéressant de rouler avec un V8 essence plutôt qu'en diesel !!!

D'autant que le GPL étant considéré comme écologique, vous pouvez bénéficier de nombreux avantages comme la gratuité de la carte grise, une prime à la conversion, une exonération de TVS pour les entreprises ainsi qu'une récupération de la TVA, …. De plus, les véhicules équipés au GPL sont classés Crit'Air 1 ! Soit la classification la plus vertueuse située juste derrière les véhicules « zéro émission », et ce quelle que soit leur date de première immatriculation. Avec cette vignette Crit 'Air 1, les véhicules GPL peuvent bénéficier de conditions de stationnement et de circulation privilégiées. Ils peuvent rouler même en cas de restrictions de circulation !!! Et pour finir, auparavant, les véhicules GPL étaient interdits dans les parkings souterrains et devait passer un contrôle technique tous les ans. Maintenant tout ceci est terminé. Le contrôle est tous les 2 ans comme pour le reste des véhicules de particuliers (chaque année pour les utilitaires comme tous les autres) et il n'y a plus d'interdiction aux parkings souterrains grâce au fait que les techniques ont évolués et se sont perfectionnées. Le seul bémol à ce mode de carburant est qu'il est plus difficile de trouver une pompe proposant du GPL alors que le diesel et le sans plomb se trouvent à tous les coins de rue.

Une autre solution qui m'intéresse beaucoup est **la conversion thermique en électrique.**

Le principe est simple, vous prenez une voiture

essence ou diesel, vous retirez son moteur et vous installez à la place un moteur électrique. Techniquement, la procédure est légèrement plus complexe mais rien de bien compliqué. D'autant que des entreprises proposent des kits moteur/variateur/batterie clés en main ! Vous n'avez qu'à choisir votre puissance et votre autonomie et à passer commande. Avec un tableur, la revue technique de votre véhicule et un peu de notion de mathématique, vous pouvez facilement déterminer quelle configuration se rapproche au plus près de la configuration d'origine de votre véhicule. Ainsi vous n'aurez pas à renforcer votre châssis ou modifier votre système de freinage. Pour plus de facilité, je conseillerais de conserver la boite de vitesse qui, bien qu'elle devienne inutile pour le fonctionnement du véhicule, je pense qu'elle peut aider à augmenter l'autonomie du véhicule car sur autoroute par exemple, à 130 km/h le moteur en prise direct devra tourner à haute vitesse tandis qu'avec une boite de vitesse, le fait de modifier la démultiplication en ayant changé de rapport de boite lui permettra de tourner beaucoup plus lentement et donc d'économiser de l'électricité. Bref, il vous suffit de faire usiner une pièce permettant de fixer la boite de vitesse avec le moteur électrique, souder les supports moteur sur le châssis, de placer les batteries à différents endroits de la voiture afin de conserver une répartition des masses sensiblement proche de celle d'origine et le tour est joué. Alors oui, il faut un minimum de connaissance en mécanique mais rien d'insurmontable non plus. Et au moins, votre véhicule n'ira pas polluer dans un pays pauvre.

Vous allez me dire que tout ceci est bien joli mais combien ça coute ?

Eh bien pour ce qui est de la conversion en elle-même, les kits au Etats-Unis commencent aux alentours des 5000 €, à cela s'ajoute les batteries d'un montant sensiblement équivalent. Je dirais que en cherchant sur le net, on peut trouver un ensemble complet entre 10 000 et 15 000 €. Bien loin des 40 000€ demander pour une voiture électrique neuve ! D'autant que le marché est récent et que les technologies évoluent rapidement. Prenons par exemple les batteries, la partie la plus cher d'un véhicule électrique, des chercheurs sont en train de mettre au point des supercondensateurs qui utilisent des matériaux recyclables et dont le fonctionnement est nettement supérieur au batteries actuelles (notamment le nombre de cycles supportés).

Au final, réaliser une conversion d'un véhicule thermique en véhicule électrique est totalement réaliste et intéressante.

Oui mais cela était sans compter sur nos « têtes pensantes » du gouvernement.

En France, toute modification d'un véhicule doit être présentée à la DRIRE : Direction Régionale de l'Industrie de la Recherche et de l'Environnement.

Sur le fond, je trouve normal qu'il y est une vérification afin de s'assurer que le véhicule soit sûr et qu'il ne représente pas un danger pour le chauffeur ou pour les autres usagers de la routes. Mais de nos jours, c'est devenu simplement une privation de liberté !

Continuons avec notre exemple de conversion de véhicule thermique en électrique. Le but de cette modification est de convertir notre propre véhicule et non pas de produire en série. Nous allons donc tenter de faire une RTI : Réception à Titre Isolé. Cette démarche a été créée à la base pour différencier les productions en série des productions uniques et donc facilités les démarches. Ce qui permettait au citoyen lambda de pouvoir travailler sur son propre véhicule tout en restant dans les règles avec la loi et son assurance. Mais ça c'était avant. Maintenant, une RTI est devenue pratiquement aussi complexe qu'une homologation de grand constructeur et surtout inabordable niveau prix pour la plupart des gens.

Lorsque j'ai commencé à me renseigner auprès de la DRIRE de ma région, je leur ai envoyé un mail leur détaillant mon projet et en leur expliquant que je possédais un diplôme de carrossier constructeur (en espérant que cela puisse un peu jouer en ma faveur et crédibiliser ma demande). La première réponse que j'ai reçu à été (quasiement mots pour mots) : « Cherchez pas, c'est trop cher, merci au revoir ».

J'ai donc renvoyé un deuxième mail leur expliquant que je savais que cela était compliqué mais que je voulais connaitre les détails sur les conditions pour obtenir cette homologation et surtout si ils pouvaient me donner des tarifs ou tout du moins des fourchettes de prix. Cette fois-ci, leur réponse à été que ce n'était pas eux qui s'occupaient de ce genre de cas et qu'il fallait voir avec le centre de Montlhtéry. Apparement ce sont eux qui gèrent toute les homologations en France. J'ai donc envoyé un troisième mail à ce centre et aujourd'hui, environ 1 an et demi plus tard, j'attends toujours leur réponse.

Cependant, en me baladant sur leur site internet, j'ai trouver une page qui indiquait très clairement que pour toute demande concernant une RTI, il fallait prendre contact avec la DRIRE de sa région. CEUX LA MEME QUI M'AVAIENT ENVOYES VERS EUX !!! (et je vous jure que je n'invente rien j'ai conservé tous les mails !)

Après avoir piqué une bonne crise de nerfs, j'ai laissé tombé la voie publique et j'ai contacté une entreprise privée, l'UTAC. J'ai envoyé un mail leur expliquant mon cas et en leur demandant exactement la même chose qu'à la DRIRE. Le lendemain après-midi, une personne m'a contacté par téléphone et on a eu une conversation pendant près d'une demi-heure.

Durant cette conversation, le monsieur au bout du fil a pris le temps de répondre à toutes mes questions, et même plus encore. Il m'a ainsi expliqué que pour ce genre de modification, il faut obtenir un accord du constructeur du modèle que l'on désire modifier. En clair, si vous modifiez une 4L, il faut l'accord de Renault, si c'est une 206, celle de Peugeot, une 2cv, celle de Citroen, etc …. Pour cela il faut remplir tout un dossier mais d'après mon interlocuteur, sauf cas très exceptionnel (du genre être un ancien collaborateur de la marque), ce genre de demande n'obtient jamais de résultat positif. La seule solution dès lors est de réaliser une homologation complète du véhicule en le débadgeant totalement. C'est-à-dire qu'il faut demander une homologation totale du véhicule, comme si nous l'avions construit de A à Z. Et cela à un coût : comptez environ 100 000 € ! Je m'attendais à un gros chiffre mais là , heureusement que j'étais assis. Et je n'allais pas me relever de si tôt puisque la personne au bout du fil m'a ensuite expliqué qu'à ce jour (notre conversation à eu lieu en Juillet 2017), hormis les batterie des constructeurs, aucune batterie n'était homologuée pour circuler en France ! Et donc pour pouvoir circuler avec notre véhicule converti, il fallait aussi homolguer la batterie et le montant de cette homologation était lui aussi d'environ 100 000 € !!!

Après ma surprise, je lui ai demandé plusieurs fois de bien vouloir me confirmer si j'avais bien compris ce qu'il venait de m'expliquer. Il n'a pas été choqué de ma réaction puisque régulièrement il reçoit ce genre d'appel et les personnes ont à chaque fois la même réaction que moi. D'après lui, (et ce sont ses mots pas les miens !) après 26 ans de métier passé dans l'homolgation de véhicule, tout a été fait pour que le particulier ne puisse plus homologuer de lui-même un véhicule, et cela on le doit aux lobbyistes et à Bruxelles. Je l'ai donc fortement remercier d'avoir pris le temps de me renseigner et de me donner toutes ces informations et je suis rester quelques minutes abassourdis par ce que je venais d'apprendre. Je n'avais finalement pas le droit de convertir ma voiture !

Alors lorsqu'après je vois nos politiciens fanfaroner devant les caméras à clamer que tout est fait pour l'écologie ou pour aider les gens à développer de nouvelles technologies, laissez moi rigoler !

Encore une fois, une solution toute bête pourrait régler le problème !

En gros, l'homologation d'une RTI c'est quoi ?

Une vérification du système de freinage, de l'éclairage, de la pollution (pour un moteur thermique), une vérification du système électrique pour les véhicules électriques, les organes de sécurité, un état d'ensemble du véhicule.

Mais dites-moi, ce n'est pas justement tous ces points qui sont vérifiés lors **des contrôles techniques** tous les 2 ans ?

Ne pourraient-ils pas alors **s'occuper de valider les tests techniques nécessaires pour valider le dossier d'une demande d'homologation d'une RTI** plutôt que de devoir passer par le seul centre d'essai en France ? Celui-là même utilisé par les grands constructeurs pour homologuer leurs gammes de véhicules de plusieurs millions d'exemplaires.

Pour notre véhicule unique, il suffirait de fournir aux centres de contrôle technique un tableau regroupant plusieurs catégories de véhicules (sport, électrique, fourgon, …) avec des plages de validations pour chaque test et le tour serait joué. Et le prix deviendrait accessible à la plupart des mortels (à peine plus élevé qu'un contrôle habituel) ! A moins que ces centres ne soient pas capables de valider des mesures et dans ce cas pourquoi seraient ils aptes à contrôler nos véhicules déjà en circulation ?

Le fait de permettre aux gens de construire ou modifier leurs propres véhicules permettrait également de développer toute une économie ! Il faudrait embaucher dans les centres de contrôle technique pour palier à la demande. Des ateliers spécialisés dans la conversion et l'installations d'équipements verraient le jour et créeraient la aussi des emplois. Des distributeurs ainsi que des entreprises de pièces détachées ouvriraient avec là aussi des emplois à la clé. Je parle non seulement des conversion thermique/électrique, mais aussi des modifications en générales sur les véhicules. Regardez l'économie générée par la customisation et le hot-rodding aux Etats-Unis ! Que ce soit les petits ou gros garages, les fabricants de pièces, les revendeurs, les chromeurs, les selliers, les start-ups, etc. …. Tout ceci crée de l'emploi et brasse énormément d'argent. Et le plus important, cela apporte du plaisir aux gens !

Enfin, le fait de pouvoir travailler sur des véhicules, certaines personnes pourraient développer la technologie de demain, ce qui permettrait à la France de revenir au premier plan dans le milieu automobile. Chose qui est beaucoup moins probable lorsque tout est interdit. C'est donc toute une économie qui exploserait. Le tout sous contrôle puisqu'il y aurait toujours une homologation mais ACCESSIBLE aux communs des mortels.

II. <u>La santé</u>

A. <u>LE MANQUE DE PERSONNEL DE SANTE</u>

Un autre problème auquel est confronté notre pays à l'heure actuelle est la pénurie de médecin. Que ce soit des médecins généralistes dans nos campagnes, ou bien des spécialistes comme les ophtalmologues ou les dermatologues qui demandent parfois plus d'un an de délai pour obtenir un rendez-vous. Tout ceci devient impossible. C'est même une honte alors que la France était réputée pour la qualité de ses soins !

Afin d'y remédier, je pense que plusieurs pistes sont envisageables :

Tout d'abord et en faisant preuve de logique, vu qu'il n'y a pas assez de médecins, il peut -être intelligent de commencer par augmenter le nombre de diplômés ! Sans pour autant « brader » le diplôme, il suffirait de créer de nouvelles écoles et d'augmenter le nombre de places disponibles car chaque année, énormément d'étudiants se voient refuser leurs inscriptions par manque de places. Créer de nouvelles classes permettrait de les accueillir et donc d'augmenter le nombre de médecins. Sur ce point, il me semble avoir entendu que le gouvernement actuel regardait dans cette direction avec la fin de certains quotas. C'est donc une bonne chose en espérant que cela se mette rapidement en place.

En attendant, penchons-nous sur une autre cause de cette pénurie. Aujourd'hui, les médecins en activités préfèrent travailler en tant que salariés pour de grands groupes plutôt que de créer leurs propres cabinets, principalement pour des raisons financières. Ce qui en résulte est que la grande majorité des médecins se retrouve regroupés dans des grands centres dans les grandes villes. D'où le manque dans les déserts médicaux.

En se mettant à leurs places, il est vrai qu'un CDI avec un très bon salaire est nettement plus intéressant que de devoir gérer un cabinet avec ses charges, toute l'administratif que cela engendre ainsi que le risque de perdre sa clientèle du jour au lendemain. Mais en attendant, les personnes n'arrivent plus à obtenir des soins corrects.

Pour y remédier, c'est tout bête, **j'appliquerais le même principe que pour les professeurs aux jeunes médecins diplômés.** Je m'explique : lorsque qu'un professeur obtient son diplôme, ses premières années, il est affecté dans des classes situées un peu partout en France, peu importe son lieu de domicile. En fonction de son classement lors de l'examen, les premiers peuvent choisirent leurs lieux désirés. Et plus on descend dans le classement plus les choix deviennent limités. De cette façon, il y a toujours des professeurs dans toutes les classes de France.

Bien évidemment vous allez me dire que les lieux les moins intéressants ne reçoivent que les diplômés les plus médiocres. Ce à quoi je vous répondrais que oui, ces professeurs sont arrivés à la fin du classement, oui ils ne sont pas aussi « bons » que les premiers de la classe, mais ils ont néanmoins obtenu leur examen !

Ce qui prouve qu'ils sont en capacité à exercer et donc à fournir un travail de qualité demandé. Et puis mieux vaut un professeur arrivé dernier de sa promo plutôt que pas de professeur du tout !

C'est dans cette optique que j'appliquerais une méthode similaire pour les médecins (à moins qu'il existe une différence de classe social ?). Chaque ville devra mettre à disposition au minimum un local équipé et après chaque promotion, les médecins arrivant sur le marché du travail se verront déployer dans toute la France pour une durée de 1 ou 2 ans. C'est seulement après cette période qu'ils pourraient choisir librement un endroit pour s'installer. Et qui sait, peut-être auront-ils pris goût à leurs premiers postes et ils feront peut-être le choix de rester sur place ?

Pour terminer sur ce sujet, je voudrais aborder le problème des médecins intérimaires qui refusent des remplacements pour des raisons de salaires pas assez élevé à leur goût. Ce qui engendre des manques dans les hôpitaux. Personnellement je trouve cela inadmissible. Surtout lorsque j'entends que le montant de leur rémunération pour une garde de 24 H est aux alentours de 2000 € !!! Heureusement, le gouvernement s'est là aussi penché sur le problème et a fixé un plafond à 1404.05 € brut pour 24H, qui passera ensuite à 1287.05 € en 2019 puis 1170.04 en 2020. Ce qui représente tout de même presque un SMIC en 24 h.

Pour moi il faudrait aller encore plus loin et faire comme pour les chômeurs. C'est-à-dire qu'au 3ème refus, la personne n'aurait plus le droit d'exercer pendant 3 mois, puis en cas de récidive, la sanction passerait à 6 mois, puis 1 an. Peut-être qu'ainsi ils seraient un peu plus en accords avec leur serment d'Hippocrate ?

B.   <u>LES EPHADS</u>

J'aimerais prendre un instant pour évoquer un sujet qui me tient à cœur, celui de la prise en charge des personnes âgées ainsi que toutes les personnes dépendantes quel que soit leur âge.

Comme la plupart des personnes, j'avais entendu qu'il existait un problème de prise en charge pour les personnes âgées mais ne connaissant personne en maison de retraite et n'ayant donc aucun rapport avec ce milieu, je n'avais pas réellement pris conscience du réel problème qu'il existait. Je me contentais alors simplement de trouver cela pas très juste lorsque je tombais sur un reportage ou que j'entendais parler de cela dans mon entourage. Et puis je passais à autre chose sans me douter de la souffrance que cela pouvait procurer non seulement à la personne mais aussi aux familles.

Jusqu'au début de cette année, j'ai eu la chance que ma grand-mère soit encore assez alerte pour pouvoir rester seule chez elle. Bien sûr avec mes parents nous lui rendions visite plusieurs fois par jour et nous nous occupions de son ménage, ses courses, ses repas. Cela nous prenait beaucoup de temps mais nous avons la chance d'être une famille unie et cela ne nous dérangeais pas de nous investir pour un être cher. Enfin si je veux être totalement honnête avec vous, quelques fois, quelques jours de repos n'auraient pas été de refus. D'autant que cela devenait de plus en plus compliquer car elle avait de plus en plus de mal à tenir sur ses jambes et donc à se lever de son lit, de son fauteuil ou bien tout simplement pour se déplacer. Nous nous faisions de plus en plus de souci lorsque nous la laissions seule et cela était peut-être encore plus difficile que le reste, à toujours se demander si tout allait aller, si elle n'allait pas tomber. Aussi nous avions souscrit à un abonnement d'un bracelet qui avertit les secours en cas de chute. Et bien nous en a pris car nous avons été appelés à plusieurs reprises (parfois au milieu de la nuit) car elle était tombée. Heureusement sans se blesser à chaque fois.

Mais au mois de Mars, après une énième chute, nous avons beaucoup réfléchi et nous avons décidés que cela ne pouvait pas continuer ainsi. Son état s'était dégradé et cela devenait vraiment trop dangereux. Nous avons donc demandé une hospitalisation dans un premier temps afin de la rebooster en espérant qu'elle reprenne du poil de la bête et qu'elle puisse retourner chez elle dans de bonne condition.

Durant ces premiers jours à l'hôpital, cela allait plutôt bien. Mais du jour au lendemain, sans aucunes raisons apparentes, son état s'est énormément dégradé (je l'ai laissé le vendredi soir dans son état habituel et le lendemain elle n'a pas reconnu ma mère et elle délirait complètement, tenant des propos sans logique). Personnellement je me demande s'il n'y a pas eu une erreur ou un problème de médicament pour son cœur car de la manière dont cela s'est passé, le fait que le personnel de l'hôpital devienne soudainement au petit soin pour nous. Et soi-disant que son cœur ne fonctionnait plus, qu'elle était remplie d'eau à l'intérieur et que cela commençait à remplir ses poumons et son cerveau. A tel point qu'ils nous ont dit qu'elle ne passerait probablement pas la nuit. Elle ne faisait que dormir. Elle n'arrivait même plus à tenir une conversation de quelques minutes alors qu'à son arrivé, elle avait simplement une tension assez basse et plus de force dans les jambes.

Malgré leur pronostic, au bout d'une dizaine de jour, son état s'étant très légèrement amélioré, ils ont décidé de la déplacer dans un centre de long séjour pour personnes âgées afin de la remettre sur pied.

Il était alors question qu'un kiné lui rendent visite tous les jours pour la refaire marcher. Bien entendu, tout comme à l'hôpital, nous passions le plus de temps possible à son chevet et nous n'avons vu le kiné qu'une ou deux fois durant les 3 mois de son séjour forcé. De toute façon, elle continuait à dormir la majorité du temps et elle était incapable de se lever. Il était donc évident qu'elle ne pourrait jamais retourner chez elle et ma mère a donc pris rendez-vous assez rapidement avec les services sociaux de l'hôpital afin de savoir comment allait se passer la fin de son séjour dans ce centre et ce qu'il était possible de mettre en place pour après.

La réponse de la personne des services sociaux a été très simple. Elle a expliqué à ma mère qu'il fallait faire le tour des maisons de retraites et y déposer un dossier mais que dans tous les cas, à la fin de son séjour, ma grand-mère serait renvoyée chez elle. Je vous laisse imaginer la panique dans laquelle nous étions !

Mes parents ont donc été déposer des dossiers dans toutes les maisons de retraite aux alentours mais les délais d'attente étaient de 6 mois à 2 ans ! Quant aux tarifs demandés, cela commençait à 1600 € par mois à plus de 6000 ! A savoir que ma grand-mère à une pension d'environ 1200€ par mois tout compris. Et que les aides proposés sont d'une centaine d'euros tout cumulé. Nous n'arrivions donc pas à trouver de solution et nous étions seul. Personne ne nous a aidé à quelque moment que ce soit. Je parle bien sûr des pseudos services sociaux qui n'ont absolument pas joué leur rôle et qui nous ont laisser nous débrouiller seul dans l'angoisse la plus totale, car pour eux elle n'avait rien d'alarmant.

La date fatidique approchait à grand pas et nous n'avions aucune solution. La seule chose qu'ils nous ont proposé est de mettre en place des personnes s'occupant de ma grand-mère à son domicile, ils passeraient le matin pour la lever et le soir pour la coucher. Mais au vu de son état, elle avait besoin d'une aide continue en permanence ! Et nous ne pouvions nous permettre de rester toute la journée avec elle. D'autant que ses aides coutent deux à trois fois plus cher que les tarifs des maisons de retraites. Et que cela était simplement impossible vu notre budget.

Heureusement, je ne sais par quel miracle, 3 jours avant la fin, une maison nous a contacté en nous expliquant qu'une place venait de se libérer et que le dossier de ma grand-mère avait été retenu. Le tarif était de 2200 € par mois. Ce qui veut dire que mes parents doivent ajouter 1000 € tous les mois de leur poche afin de combler la différence. Ma grand-mère était locataire donc nous ne pouvons pas récupérer d'argent sur la vente de son appartement et le montant sur son compte en banque ne permettait de tenir que quelques mois. Quant à mes parents, mon père était ouvrier monteur et ma mère est préparatrice en pharmacie. Nous n'avons jamais manqué de rien mais sortir 1000 € par mois en plus des crédits et la vie de tous les jours, est simplement inconcevable. N'ayant aucun autre choix, nous avons cependant accepté en espérant trouver une autre solution sur le long terme sachant que je pouvais également les aider financièrement si nécessaire. C'est alors qu'une autre forme de stress est apparu. La peur de ne pas arriver à tout payer à la fin du mois.

Le seul point positif était que ma grand-mère, une fois installée en maison de retraite, à remonter la pente et son état s'est amélioré de jour en jour. Aussi, lorsqu'elle a pris conscience de tout le souci et le stress que cela nous occasionnait, bien que nous ayons essayer de lui cacher au maximum, elle n'est pas stupide, elle culpabilisait de cette situation. Elle nous a alors parler d'une option à laquelle elle s'était inscrite auprès de sa mutuelle il y a de cela très longtemps. Ma mère en avait en effet trouvé une trace dans les papiers qu'elle avait trié mais lorsqu'elle avait contacté l'organisme, celui-ci lui avait répondu qu'elle n'y avait pas droit car elle n'était pas assez dépendante (!!!).

Mais en relisant le document, il nous semblait qu'elle devait effectivement avoir droit à une aide. Et ma mère, étant à bout, a décidé de recontacter la mutuelle qui lui a alors demander d'envoyer un dossier et qu'ils regarderaient. Après 3 mois de relances téléphoniques et de mails, nous avons enfin reçu une réponse positive de leur part nous informant que nous avions droit à une aide de 500 € par mois ! Je peux vous dire que cela a été un soulagement comme jamais. Encore mieux que de gagner au loto. Par la suite nous avons découvert que cette offre n'existait plus mais que comme ma grand-mère avait cotisée toute sa vie, ils ont tout fait pour ne pas payer mais ils ont été finalement obligés.

Aujourd'hui, ma grand-mère va beaucoup mieux, elle remarche avec un déambulateur et nous avons eu la chance de tomber dans une maison de petite tailles (20 occupants) dont le personnel s'occupe bien des résidents et où ma grand-mère se sent bien. Les fins de mois sont difficiles mais cela reste possible dans la mesure où l'on ne s'autorise quasiment aucune sortie et que l'on ne rencontre pas de frais non prévu.

Si j'ai choisi de partager avec vous cette histoire, entièrement réelle je tiens à le préciser, c'est pour faire prendre conscience aux personnes qui ne se sont jamais retrouver dans ce genre de situation que lorsque cela vous tombe dessus, vous n'êtes absolument pas prêt et vous vous retrouver tout seul dans votre m…de.

Avec toutes les taxes et impôts que l'Etat prélève, il devrait créer des structures qui accompagnerais les familles dans ce genre de situations.

Et concernant les tarifs des maisons de retraites et des aides à domicile, ce sont des montants simplement inadmissibles. Je trouve honteux que l'on laisse comme ça les personnes qui ont travaillé toute leur vie pour la France et arrivées aux derniers chapitres de leur vie, aux lieux qu'ils puissent le passer paisiblement à partager leurs dernières années au calme, avec leur proches, ils se retrouvent confronter avec leurs familles à des problèmes qui ne devraient pas exister.

D'autant que de plus en plus souvent, il fait état de maltraitance dans certaines maisons. Ce qui est encore plus exécrable.

Le rôle de ses maisons n'est pas de réaliser des bénéfices mais ne prendre soins de nos ainés avec un maximum de dignité possible. C'est pourquoi je pense qu'il est urgent de se pencher sur la question et de fixer des limites. Surtout si l'on prend en compte le fait que, comme tous les spécialistes le prédisent et aux vu du vieillissement de la population, le nombre de personnes devant s'installer en Ephad va exploser ces prochaines années.

Du point de vue des infirmières et aides-soignantes travaillant au sein de ces établissements, la vie est également loin d'être un long fleuve tranquille. Manque de moyens, salaire à ras les pâquerettes, rien n'est fait pour leur facilité la tâche.

Ce système est donc complètement dépassé et il ne répond plus aux besoins. Il est donc urgent de trouver une solution !

Cette solution pourrait déjà commencer par **proposer davantage d'Ephad publiques dont les tarifs sont plus abordables** et de **créer une loi permettant d'encadrer plus sévèrement les tarifs des établissement privés** (car encore une fois le but de ces structures n'est pas les bénéfices mais les soins apportés à nos anciens !).

Je pense également qu'il faut **privilégier les petites structures plus chaleureuses et humaines** plutôt que des grands bâtiments accueillant des centaines de résidants et ressemblant plus à une industrialisation et une ghettoïsation de personnes âgées.

Enfin, pour que les tarifs deviennent plus accessibles, **la somme supplémentaire des impôts sur le revenu ainsi que la journée de bénévolat choisi par les personnes en lieu et place de cet impôt** (je décris cela un peu plus bas), accompagnée par la nouvelle formule de TVA (expliquer elle aussi

plus loin dans ce livre) pourrait être déployée spécifiquement pour aider nos anciens afin de réduire le montant de la facture.

C.   <u>LA MALBOUFFE</u>

Puisque l'on se trouve dans le thème de la santé, c'est peut-être le moment de parler de notre nourriture.

De nos jours, les gens n'ont plus le temps de rien. Tout le monde est stressé, court dans tous les sens, etc. …. Résultat, que ce soit par manque de temps ou bien par manque d'argent, beaucoup choisissent la simplicité et se tournent vers les plats préparés et les boissons énergisantes. Mais ce genre d'alimentation est loin d'être ce qu'il y a de meilleur pour notre santé !

Comme pour le reste, les industriels se sont immiscés dans le monde de la nourriture et ont transformé notre cuisine, pourtant prise en référence par le reste du monde, en un poison uniquement intéressant au point de vue bénéfices.

Prenez la viande par exemple. Aujourd'hui, quand je mange un steak, la viande est dure, elle n'a pas de goût. Cela est principalement dû à son mode de transformation. En effet, pour obtenir une viande de qualité, il faut que l'animal ait été élevé dans les meilleurs conditions, à l'air libre, nourrit avec des produits de qualité. Ensuite, une fois les différentes parties découpées, il faut laisser maturé la viande de la bonne façon, ce qui la rendra moelleuse et savoureuse. Mais dans un souci d'économie et par gain de temps, les animaux sont élevés dans des fermes gigantesques, sans voir le jour, nourrit avec des substituts et des aliments de synthèses. La maturation est réalisée rapidement de façon industrielle et c'est ainsi que l'on obtient des viande dures et sans saveurs. C'est ainsi qu'un produit bon pour notre organisme peut devenir un véritable poison. Et je ne vous parle pas des additifs et autres apports qu'utilisent les pseudos cuisiniers de ces grands groupes industriels afin d'obtenir la belle couleur, la bonne texture, la conservation, ….

Bien sûr, si l'on mange un plat industriel de temps en temps pour se dépanner, il n'y a aucun souci à se faire. Là où le problème se pose c'est si ce genre d'alimentation devient un mode de vie. La plus grande majorité de ses plats sont bourrés de sel, de sucre, d'additif, de colorants. Vous savez tous ces fameux « E » qui soi-disant ne sont pas dangereux pour la santé. En attendant, pour le moment, aucune étude n'a prouvé sérieusement qu'il n'y avait aucun risque. D'autant que maintenant, les scientifiques se demandent ce qui se passe lorsque tous ces E se mélangent dans notre organisme !

Et quelle est la réponse de notre gouvernement face à cette problématique ? Eh bien au lieu d'interdire ces additifs, ils ont diffusé un spot de pub qui a sûrement dû coûter une belle somme d'argent (vous savez celui qui vous dit de manger 5 fruits et légumes par jour) et ils ont inventé une nouvelle taxe sur les soda et produits trop sucrés. Quand je vous dis que la réponse à tous nos problèmes c'est une taxe !

Je ne sais pas pour vous mais leurs spots de pubs, que ce soit celui pour les fruits et légumes ou bien ceux de la sécurité routière, ils n'ont absolument aucun effet sur moi ! A part me demander combien ils ont dépensé pour les produire et le diffuser. Quant à la taxe, j'ai envie de dire : une de plus.

Comme d'habitude, ils ne s'attaquent pas à la base du problème. Et leur seule réponse est de s'attaquer au portefeuille et de laisser tranquille leur potes lobbyistes.

Prenons quelques secondes pour se demander pourquoi les personnes font le choix de manger ce genre de plats.

Comme nous l'avons vu un peu plus haut, beaucoup font se choix par manque de temps.

En effet, il est beaucoup plus rapide d'ouvrir une barquette, décoller une partie du film plastique, enfourné le tout dans le micro-onde pendant 1 ou 2 min plutôt que de faire mijoter des heures un rôti.

Mais faut-il réellement manger un rôti tous les jours ? Il existe énormément de plats faciles à préparer ! Les pates ne prennent que quelques minutes à cuir. Ou bien une casserole de riz, un steak accompagné d'une poêlée de légume. Pour ceux qui ne mangent pas à la maison, une salade composée, ou bien une part de quiche maison. Et puis il faut faire preuve d'organisation ! Par exemple lorsque vous souhaitez préparer des haricots, achetez-en une plus grande quantité au marché, cuisinez le tout et congelez ce que vous n'allez pas manger le jour même. Ainsi vous n'aurez passé que quelques heures dans la cuisine mais cela vous fera des repas pour plusieurs fois. Et lorsque vous voudrez mangez des haricots la prochaine fois, même si vous n'avez pas de temps, vous n'aurez plus qu'à les décongeler, et cela ne vous prendra pas plus de temps que des plats tout prêts industriels !

Après vous allez me dire qu'il faut avoir envie de le faire. Mais cela est un autre problème.

Il est vrai que de nos jours, beaucoup de personnes ont perdu le goût de faire la cuisine. Du coup, ils ne transmettent pas à leurs enfants cette envie de cuisiner. Et je pense que c'est aussi l'une des raisons qui font que de plus en plus de personnes consomme des plats industriels. Cette façon de vivre est devenu la norme à tel point que beaucoup de citadins ne savent même pas comment poussent les légumes de base !

C'est pour cela que je pense qu'il serait bien de **l'enseigner à l'école**. Au même titre que les maths, le français ou l'histoire géo, il est important de savoir d'où viennent nos aliments et être capable de préparer des plats basiques afin de pouvoir se nourrir correctement.

Plus concrètement, cela commencerait dès la primaire. Chaque école devra posséder au minimum un carré potager et une fois par semaine, chaque classe devra consacrer une heure ou deux à semer, entretenir les plantes, récolter les fruits et légumes de base comme la pomme de terre, la tomate, la carotte, les fraise, les framboises, …. Encore une fois, le but n'est pas d'en faire des agriculteurs mais de simplement leur apprendre les bases de la vie.

Puis, au collège ainsi qu'au lycée, j'ajouterais une matière « Cuisine » obligatoire d'une heure par semaine. Durant cette heure, les élèves apprendraient à cuisiner les plats de base comme les œufs aux plats, durs et à la coque, les pâtes, faire cuire un steak, une omelette, préparer les légumes qu'ils ont appris à cultiver en primaire. Au lycée, cela pourrait aussi prendre la forme de recette un peu plus complexe de façon à apprendre les plats historiques comme le bœuf bourguignon, la poule au pot, etc…. Ceux-là même qui ont fait la renommer de la France. Et lors du brevet et du BAC, il y aurait une épreuve obligatoire de cuisine avec un coefficient 1 ou 2.

C'est ainsi que même si leurs parents ne sont pas des adeptes de la cuisine ou du jardinage, chacun débutera dans la vie avec les mêmes bases et à eux après de faire leurs propres choix.

Enfin, la troisième raison qui pousse les gens à consommer de mauvais produits est le manque d'argent. Dans la plupart des reportages qui sont diffusé à la télévision comme au JT de 13H par exemple, beaucoup explique choisir des fruits et légumes premiers prix car leurs revenus ne leur permettent pas d'acheter des produits bio plus chers. Bien qu'ils soient conscients que ces produits bon marché ne sont pas aussi sains, ils n'ont simplement pas la possibilité de faire autrement.

Il y a quelques temps, j'ai imaginé à une solution qui permettrait non seulement de rendre accessible les produits bios et sains, mais aussi qui réduirait considérablement le volume de déchets émis par chaque citoyen. J'ai nommé ce procédé « Le Composteur Urbain » et voici comment cela fonctionnerait :

LE COMPOSTEUR URBAIN

Julien Sottilotta

Description du projet

Le composteur urbain est un container situé sur une place publique et dans lequel les personnes peuvent venir déposer des déchets en échange de bons d'achats (ou de réductions) pour des fruits et légumes bio.

But/Objectif

Le composteur urbain a pour but de répondre à 2 objectifs principaux :

- **<u>La réduction des déchets :</u>** Tout le monde sait qu'aujourd'hui, la gestion des déchets devient problématique au vu de la quantité de plus en plus importante à gérer. Une solution serait donc de réduire cette quantité. A titre personnel, il y a de cela un an, j'ai installé un composteur dans mon jardin dans le but d'obtenir du terreau pour mes plantations. Ce que je n'avais pas imaginé, c'est que cela aurait aussi pour conséquence de réduire considérablement le volume de déchets terminant dans mes poubelles. Depuis que je possède ce composteur, je peux me permettre de déposer mon sac poubelle seulement tous les 2 jours alors qu'auparavant je le faisais quotidiennement (d'autant qu'il n'y a pas d'odeur puisque la plupart des déchets alimentaires vont dans le composteur et non plus dans mon sac poubelle). Cela devient donc une solution vraiment très intéressante pour réduire la quantité de déchets. Mais pour en profiter, il faut posséder un jardin. J'ai donc imaginé ce composteur afin que les personnes habitant en immeuble ou ne disposant pas de lieu pour avoir cet équipement puissent tout de même profiter de cette méthode.

- **<u>Augmenter le pouvoir d'achat des ménages pour de l'alimentation bio :</u>** Le but du compostage est de convertir des déchets en compost afin d'améliorer le rendement de son potager et donc au final d'avoir des fruits et légumes de meilleur qualité et en plus grands nombres. Afin de conserver cette idée générale de transformer des déchets en aliments sains, et dans un souci d'égalité pour que les personnes ne pouvant pas disposer d'un composteur puissent tout de même en profiter, à chaque fois qu'une personne déposera un sac de déchets (sac bien évidemment bio dégradable allant au compost), elle se verra en retour remettre un bon de réduction pour acheter des fruits et/ou légumes bio dans des commerces partenaires (dans l'idéal des associations d'agriculteurs ou des commerces ne proposant que des produits issus de la filière biologique). De ce fait, leurs déchets se transformeront également en aliments sains.

En conclusion, en plus de réduire la quantité de déchets, cela permettra aussi de faire baisser les prix des fruits et légumes bio et donc aux personnes aux revenus modestes de pouvoir acheter des aliments bio et donc augmenter leur pouvoir d'achat sans aide publique !

De plus, si l'on regarde à plus long terme, le fait de pouvoir manger plus sainement, cela aura pour effet d'améliorer la santé des gens et donc réduire les frais de santé.

Comment ça marche ?

- **<u>Les containers</u> :** Le concept est basé sur le même principe que celui pour le recyclage des bouteilles de verres. Il faut donc commencer par installer des containers faciles d'accès pour le plus grand nombre de citoyens. Ces containers seraient semblables à ceux utilisés pour récupérer les bouteilles de verre vides à quelques détails près. Ces containers ne disposeraient que d'une seule trappe de déversement afin de ne pouvoir faire qu'un seul dépôt à la fois. Il faudrait y adjoindre une imprimante de tickets, du genre de celle qui imprime des tickets de caisse par exemple. Cela permettra d'imprimer les bons de réductions pour chaque dépôt. Dans un souci d'écologie, on pourrait remplacer ou compléter ce système avec un écran affichant un QR code à scanner avec son téléphone ou une liaison internet permettant de créer un compte sur son ordinateur et de le voir crédité de point à chaque dépôt grâce à un code d'identification (comme les distributeurs à billets par exemple). Et enfin, afin de connaitre le poids des déchets par dépôt pour déterminer le montant du bon de réduction, il faudrait installer une balance. Le plus simple serait d'installer cette balance sous le container. Ainsi, à chaque dépôt, la balance ferait la différence entre le poids du container avant et après le dépôt et pourrait alors imprimer un bon de réduction en rapport avec ce poids de déchet. Ces containers pourraient être équipé de panneaux solaires afin de pouvoirs fonctionner en toute autonomie.

- **<u>Les citoyens</u> :** Au départ, des sacs plastiques recyclables et allant au compost seraient distribués dans plusieurs endroits de la ville (gratuitement ou payant, ce paramètre sera à définir). Les citoyens pourront alors les ramener chez eux et les remplir, au fur et à mesure, de leurs déchets pour le compostage. Une fois leur sac rempli, ou bien chaque matin par exemple, le citoyen lambda se rendrait auprès du container. Il ouvrirait la porte de la trappe, ce qui mettrait en fonction la balance et la tarerait en même temps. Il déposerait alors son sac de déchets dans le container à travers la trappe. Une fois qu'il a refermé la porte de la trappe, la balance pourra alors peser le poids de son sac et l'imprimante imprimerait un bon de réduction d'un montant défini par rapport au poids de son sac de déchets. Le citoyen pourra dès lors utiliser ce bon pour acheter des fruits et légumes sur les marchés ou dans des commerces partenaires.

- **<u>La récupération des déchets dans les containers :</u>** Régulièrement, un camion benne équipé d'une grue viendrait récupérer les déchets contenus dans le container. Une autre possibilité serait que le container envoie un signal lorsqu'il atteint une certaine capacité.

Ce camion apporterait alors son contenu jusqu'au lieu de transformation des déchets en compost. Cela pourra être un terrain appartenant à la ville ou bien une entreprise sous-traitante.

<u>Définir le montant des bons de réductions :</u>
Une fois les déchets transformés, le compost ainsi obtenu pourra alors être vendu en vrac ou en sacs, aux professionnels tout comme aux particuliers. Cela représentera une certaine somme d'argent. Une fois retiré tous les frais (amortissement du container, transport des déchets jusqu'au site de transformation, transformation, conditionnement du compost, …) la somme restante représentera donc les bénéfices. Connaissant la capacité maximale du container, il suffira d'un calcul simple pour connaitre la valeur d'un gramme de déchet. Cette information sera alors entrée comme valeur de référence (facteur de multiplication) dans l'imprimante du container qui s'appuiera sur cette donnée pour imprimée les bons de réductions. A la fin de chaque mois, les commerçants et agriculteurs partenaires chez

qui les citoyens ont acheté des fruits et légumes feraient parvenir leur bons de réductions récupérer au gestionnaire du procédé et se verraient rembourser de leurs montants. Cet argent découlera des bénéfices issus de la vente du compost.

Avantages principaux

Les avantages de ce procédé sont multiples :

- **Diminution de la quantité de déchets émis par les citoyens**

- **Meilleur accès à des aliments issus de la filière bio pour les citoyens**

- **Augmentation du pouvoir d'achat sans aides publiques**

- **Augmentation de la fréquentation et du chiffre d'affaire des commerces et agriculteurs partenaires**

Facteurs de réussite

Les éléments essentiels à la réussite de ce projet sont les suivants :

- Il faut que les containers soient facile d'accès. C'est-à-dire que l'on puisse stationner à proximité, qu'ils soient en nombre suffisant et déployer dans toute la ville.
- Il faut que les containers soient vidés régulièrement.
- Il faut s'assurer que les commerces et entreprises partenaires respectent bien les conditions du label bio.
- Il ne faut pas chercher à faire du profit à tout prix. Ce projet n'est pas à but lucratif. Il a pour vocation première de limiter les déchets et de permettre aux personnes d'avoir accès à des aliments sains.
- Pour augmenter les chances de réussite, il serait judicieux d'installer un système afin de vérifier que les sacs de déchets ne contiennent uniquement que des déchets acceptés. Des notes d'informations pourraient aussi être envoyées chez les ménages.

Les vaches à lait deviennent folles .... DE RAGE !

III. <u>La justice</u>

Le prochain sujet que j'aimerais aborder est celui de la justice.

Je crois qu'il est assez clair que notre système actuel ne fonctionne plus. Ou tout du moins n'est plus aussi efficace que par le passé. Aujourd'hui, les « truands » n'ont plus peur de la police. Et pour ce qui est de la prison, cela ne les inquiète pas plus que ça. Au contraire, on dirait qu'ils sont fiers de se faire arrêter et quand ils ressortent, ils sont devenus des stars auprès de leurs amis. Quant au choix de la justice en matière de jugement et de peine, cela va bien souvent à l'encontre de la pensée des concitoyens.

De mon point de vue, voilà comment je vois les choses :

A. <u>LES PRISONS :</u>

D'après ce que je peux voir à travers les journaux et les informations, le milieu carcéral à un grand besoin de modernité. Que ce soit le manque d'effectif, la surpopulation dans les cellules, ou bien encore la « gestion » des prisonniers (par gestion, j'entends empêcher leur radicalisation ou les récidives une fois leur peine purgée), j'ai l'impression que plus rien ne fonctionne correctement.

Vu de l'extérieur, les personnes (comme c'est mon cas) qui n'ont aucun lien direct avec le milieu pénitencier imaginent les prisons d'aujourd'hui comme des « centres de vacances » au sein desquels les prisonniers passent leur temps dans la cour de la prison ou bien à la salle de sport. Ils se baladent librement dans les couloirs de la prison et possèdent une télé voir même des consoles de jeux dans leurs cellules. Certains utilisent même des téléphones portables au nez et à la barbe des gardiens, pour envoyer des selfies sur les réseaux sociaux. Cela n'a pas vraiment l'air de ressembler au bagne !

D'un autre côté, bien que je n'éprouve aucune pitié pour les personnes incarcérées, puisque si elles sont emprisonnées c'est qu'elles sont coupables d'un crime ou d'un délit, je ne pense pas que les enfermer à 3 ou 4 dans une minuscule pièce (qui plus est sans intimité pour ce qui est de « l'hygiène ») soit la meilleure solution qui puisse exister. Cela a même sûrement l'effet inverse. Pour la plupart, ils en ressortent humiliés, rempli de colère et de haine, et encore plus violent et hors la loi qu'avant leur passage en prison.

D'autant qu'en ces lieux, c'est la loi du plus fort qui s'applique et que bien souvent, afin de s'assurer un semblant de sécurité, ou par hasard tout simplement, un simple délinquant peu faire la connaissance d'un condamné nettement plus dangereux et ainsi basculer encore plus profondément dans le côté obscur.

Au final, que ce soit en termes de punition vu par les victimes ou bien pour ce qui est de la « rééducation morale » des prisonniers afin d'empêcher leurs récidives, le résultat n'est pas au rendez-vous.

Afin de repartir sur de bonnes bases, je commencerais déjà par nettement différencier les prisonniers en fonction de leurs délits.

Pour cela, je créerais **des prisons adaptées pour chaque catégorie de crimes et délits**. Ainsi, les petits truands ayant effectué un simple vol à l'étalage ou bien une petite fraude se verraient emprisonnés dans une prison « à faible sécurité », demandant ainsi un minimum d'argent pour fonctionner. A l'inverse, les tueurs en série et les violeurs se verraient, quant à eux, incarcérés dans des bâtiments de haute sécurité beaucoup plus équipés, avec un plus grand nombre de gardiens et dont le fonctionnement serait beaucoup plus strict.

De cette manière, le petit truand n'aura plus la possibilité d'entré en contact avec un caïd et de ce fait aura moins de chance de s'enfoncer davantage dans le milieu du crime.

De plus, cela permettra aussi d'investir de l'argent là où cela est nécessaire et de ne plus gaspiller les ressources inutilement. Cela permettra donc une meilleure gestion des gardiens et du matériel qui seront mieux répartis et donc qui pourront effectuer un meilleur travail dans de meilleurs conditions.

Je continuerais ensuite en **limitant le nombre de prisonniers à un seul par cellule** !

De cette manière, le détenu obtiendra davantage d'intimité et je pense que cela aura un impact positif sur son mental.

Au lieu de construire les prisons à plat, étaler sur des terrains, une solution pourrait-être de construire des sortent de « tours de cellules » avec un étage réservé à la cuisine, au réfectoire et aux « lieux de détentes » (bibliothèque, salle de sport, salle TV) dont l'accès serait limité (j'aborderais ce point un peu plus loin). Et les cellules se limiteraient à un lit fixe, un coin douche WC, ainsi qu'une table et une chaise.

Afin de réapprendre aux détenus la notion de bien ou de mal, **le fonctionnement de la prison serait basé sur la notion de récompense.**

En effet, si le prisonnier se comporte bien, ne provoque pas de bagarre, respecte les gardiens, il pourra utiliser les lieux de détentes, avoir un peu plus de liberté d'action. A contrario, si le prisonnier est violent, irrespectueux, s'en prend au gardien ou aux autres détenus, il sera alors privé d'une partie ou de tous ces avantages durant une période donnée en fonction de la gravité et de la réitération de ses actes.

Bien sûr, les prisons de haute sécurité seront beaucoup plus strictes que les prisons de faible sécurité.

Enfin, afin de remettre les prisonniers dans le droit chemin, je pense qu'il est important de **les accompagner durant toute leur période de détention.**

En effet, sans vouloir leur trouver d'excuse puisque je pense que chacun doit assumer ses actes, beaucoup d'entre eux ont basculé dans le délit parce qu'ils se sont retrouvés seul dans la vie ou bien parce qu'ils n'ont pas reçu une éducation digne de ce nom. Lorsque vous voyez des jeunes de 12/13 ans dans les rues à 11 h du soir, ne me dites pas que vous trouvez cela normal. Mais est-ce que les enfermés pendant quelques années et les relâcher du jour au lendemain va y changer quelque chose ?

Au lieu de cela, je trouverais plus logique que pendant sa période de détention, le condamné soit assigné à un travail. Cela l'obligera à se lever le matin et à prendre le rythme de vie d'une personne citoyenne. Et s'il ne prend pas se travail au sérieux ou qu'il crée des problèmes, cela aura comme répercussion de le privé encore une fois de ces avantages au sein de la prison.

Bien évidement cette méthode ne s'appliquerais qu'au personnes les moins dangereuse, celles qui sont punis pour un délit et non pour un crime. Et il faudrait aussi faire une différence en fonction de la gravité de ce délit. Par exemple, (en exagérant volontairement) si la personne à volée une pomme parce qu'elle avait faim, elle pourra effectuer un travail à l'extérieur de la prison, dans une entreprise privée ou publique mais avec un retour tous les soirs dans la prison. Et à l'inverse, celui qui aura braqué une banque avec une arme à feu devra obligatoirement rester à l'intérieur du centre pénitencier et effectuer son travail sur place. Il faudrait également éviter de placer un détenu arrêter pour vol de cigarettes dans un tabac presse par exemple.

Que ce soit sur place ou à l'extérieur, ce travail pourra bien évidement être en lien avec le métier qu'exerçait le détenu avant son incarcération si cela est possible. Sinon il s'agira de métiers en manque d'effectifs et pour lesquels les employeurs rencontres des difficultés à trouver de la main d'œuvre. Cela permettra aux détenus d'apprendre un métier et une fois le jour de sa remise en liberté, il pourra retrouver plus facilement un emploi et donc être autonome.

De plus, bien évidemment, ces emplois ne seront pas effectués par bénévolat. Chaque emploi se verra rémunéré à la même hauteur que le citoyens lambda (en règle générale, je pense que la majorité des emplois seront rémunérés au SMIC). Ainsi on ne pourra pas venir crier au scandale que les prisonniers prennent les emplois des citoyens honnêtes.

Cependant, cet argent ne sera pas versé au détenu directement. Cette somme sera divisée en 3 parts :

- La première sera placée sur un compte en banque dont le détenu aura accès seulement à sa sortie de prison. Ainsi, il n'aura pas besoin d'aide publique et il pourra se réinsérer plus facilement.

- La deuxième sera prélevée par la justice afin de payer une partie ou la totalité des frais qu'occasionne la détention du prisonnier (frais de nourriture, d'hébergement, le salaire des gardiens, …). Ce qui me parait logique puisqu'aujourd'hui, une personne commettant un crime ou un délit se voit enfermé en prison et nourri et logé par le contribuable !

- Et enfin une petite partie se verra donner au détenu afin qu'il puisse en profiter pour s'acheter quelques affaires du quotidien (cigarette, friandises, magasines, …). Cela sera une sorte de récompense pour le motiver et il comprendra aussi que s'il veut se payer des choses, il doit travailler légalement.

Ce mode de fonctionnement permettra donc d'obtenir de meilleurs résultats concernant la récidive et une meilleure gestion des centres pénitenciers.

B. **<u>LE PROBLEME DES MINEURS</u>**

Un des problèmes majeurs que rencontre la justice de nos jours est le problème des mineurs.

En effet, lorsqu'un adolescent de moins de 16 ans est mis en cause dans une affaire, il est hors de question de l'enfermer dans une prison standard.

Le problème est qu'il n'existe pas vraiment d'alternative. Ou tout du moins aucune qui n'effraye réellement ces jeunes.

Du coup, la plupart du temps, ils ressortent libres avec une simple réprimande du genre : « Ce n'est pas bien, il ne faut pas recommencer ! ».

C'est vrai que cela semble vraiment efficace ….

D'autant que la majorité du temps, la justice est trop laxiste à mon goût. Et cela est vrai que ce soit avec les jeunes mais aussi les adultes. A chaque fois, elle cherche des excuses à l'accusé : il est jeune, il est seul, on l'a poussé à bout, c'est une mauvaise période pour lui, etc…. Du coup, les peines sont bien souvent du sursis ou des mises à l'épreuve. Et c'est comme cela que lorsqu'un fait divers éclate, on découvre que la personne était bien connue des services de police mais qu'il était en total liberté ! Non seulement c'est un manque de respect envers les victimes ! Mais aussi envers le travail qu'effectue les policiers qui s'investissent et prennent des risques, et au final, la personne qui a été si difficilement attrapé se voit remis en liberté avec une simple convocation. Du grand n'importe à mes yeux !

Le souci est que les jeunes le savent aussi ! Résultat : ils ne craignent plus les forces de l'ordre et n'ont même plus aucun respect envers l'uniforme. Et ils ont raison dans un sens puisque les policiers se retrouvent démuni devant eux. Au moindre petit travers, c'est eux qui se retrouvent sur les bancs des accusés, à passer pour des moins que rien. La seule chose qu'ils ont le droit de faire, c'est de recevoir les insultes en plein visage et attendre et laisser faire. D'ailleurs ceci est valable aussi pour les professeurs !

Une autre résultante de ce problème avec les mineurs est que les gangs savent aussi que ces jeunes ne seront jamais incarcérés. Alors ils s'en servent pour leurs trafics en sachant qu'ils ne courent aucun risque. Et c'est comme cela que les jeunes franchissent le pas et passent du mauvais côté de la barrière.

Encore une fois, je pense que l'une des raisons principales à ce mal est le manque d'éducation à la maison. Soit parce que les parents n'arrivent plus à se faire obéir, soit parce qu'ils ont baissé les bras.

Une solution commencerait par **condamné également les parents** (ou tuteurs légaux) lorsque leur enfant est coupable d'un délit dès la première interpellation. De mon point de vue, ils ont leur part de responsabilité puisqu'ils ont failli dans leur rôle de parents. Cela pourra prendre la forme d'une amende ainsi que des obligations comme suivre une thérapie avec leur enfant afin qu'ils puissent reprendre le dessus.

Mais le plus important serait de **réellement punir**

ces délinquants. Il faut à nouveau leur apprendre le respect des forces de l'ordre et il faut qu'ils craignent la justice. Sans cela, il n'y aura plus de limite et ça deviendra de pire en pire.

Pour cela, je crois qu'il ne faut-**être indulgent qu'une seule et unique fois**. Lors de la première interpellation, on ferait une grosse réprimande au jeune et il devrait exécuter une peine de « travaux forcés ». En réalité, cela serait quelque chose comme travailler bénévolement durant une semaine dans une association de la ville. Ou bien par exemple si le jeune a été attrapé en train de voler un commerce, il devra travailler une semaine dans ce commerce afin de s'excuser.

Bien évidemment si ces actes sont nettement plus graves, la punition passerait bien évidemment au stade supérieur. Tout comme en cas de récidive puisque dès la seconde interpellation, cela ne serait plus la même chose.

A sa seconde arrestation, il serait envoyé dans un camp de redressement pour mineur pour une période d'un mois (en cas de récidive ou en fonction de la gravité de ses actes, cette période pourrait bien sûr être augmentée).

Dans ce centre, la discipline sera de rigueur. Un peu dans l'idée du service militaire à l'ancienne. Tous les matins, chaque « résidant » devra se lever à 6 H hormis le dimanche où ils pourront faire la « grasse mat' » jusqu'à 7H.

Ils auraient 1 H pour se préparer et ranger leurs chambres. Puis ils auraient une journée semblable à tous les enfants de leurs âges. C'est-à-dire qu'ils suivront le programme éducatif avec les mêmes horaires. Ni plus ni moins. La seule différence est qu'ils seront beaucoup plus encadrés pour tout ce qui concerne la discipline. Aucune incartade ne sera tolérée. La moindre insulte, le moindre gros mot, le moindre geste déplacé sera sanctionné.

Et les sanctions ne seront pas simplement un simple rappel à l'ordre. Cela sera des sanctions « à l'ancienne » qui s'ajouteront à leurs tâches quotidiennes.

A la fin de la journée de classe, une fois leurs devoirs terminés, chacun devra participer aux tâches ménagères et l'entretien des parties communes ainsi que la préparation des repas du centre. En cas de punition, l'élève se verra alors décerner les tâches les plus ingrates et les moins intéressantes. Et si l'élève essaye de se rebeller, le personnel formé pour cela sera en mesure de prendre le dessus sur ce jeune et lui rappeler le respect et la politesse, soit par des mesures simples comme le dialogue, ou bien avec des méthodes plus sévères comme l'envoi dans sa chambre sans diner (certes ce sont des méthodes d'un autre âge mais qui ont fait leur preuves) voir plus strictes. Tout ceci dans un but de leur apprendre à avoir un mode de vie cadrer, avec des repères.

Ainsi, à leur sortie, ils ne seront plus livrés à eux-mêmes sans savoir gérer leur vie. Ils auront les bases pour avoir une vie saine et équilibrée.

IV. <u>La Politique</u>

Alors là, prenez un paquet de chips et installez-vous confortablement car on attaque un gros sujet !

Le monde politique, ah quel beau milieu ! Du mensonge en veux-tu en voilà, des trahisons, des magouilles en pagaille, quant à l'honneur, ce mot ne fait absolument pas parti du vocabulaire du politicien.

Sérieusement, combien de politiciens impliqués dans une affaire avez-vous vu terminer en prison ? Ils finissent tous, la plupart du temps, relaxés !!!

Et le pire dans tout ça, c'est que je ne sais même pas s'ils se rendent compte que la plus grande majorité des français ne les croient plus.

En ce qui me concerne, je n'attends absolument plus rien d'eux. Je sais que tout ce qui sors de leurs bouches n'a aucune valeur et je veux juste qu'ils me laissent vivre ma vie tranquillement.

Sauf que mes libertés sont de plus en plus réduites. Régulièrement une nouvelle loi fait son apparition et hop encore une liberté disparue.

Prenez par exemple l'obligation du port du casque pour les enfants en vélo. Alors déjà, je viens de me mettre à dos toutes les associations de protection de l'enfance car je suis insouciant, vous ne vous rendez pas compte, s'ils tombent sur la tête, etc. ….

Ils ont raison, il existe effectivement une probabilité que l'enfant fasse une chute et se cogne la tête. Tout comme lorsqu'il monte ou descend un escalier. Ou bien lorsqu'il s'assoit et qu'il vise à côté de la chaise.

Alors peut-être qu'il faut aussi nous obliger à porter un casque et des vêtement rembourrés lorsque l'on emprunte un escalier ou que l'on s'assoit sur une chaise ? Et si jamais on se met à courir, il suffit qu'ils aient une connaissance dans les associations de protection contre la sécurité routière pour que ces derniers leur expliquent que la vitesse est dangereuse. Alors il serait interdit de courir ?

Bon j'arrête là parce qu'ils risquent de trouver mes idées intéressantes et s'ils les mettent en application, vous allez m'en vouloir.

Plus sérieusement, je n'ai jamais porté de casque en vélo et je ne suis pas mort. Malgré toutes les chutes que j'ai pu faire. Alors oui, certainement que certains enfants ont été gravement blessés, voir pire. Mais quel pourcentage ?

Ces lois partent d'une bonne intention, mais tout interdire au nom de la sécurité n'est pas la solution. Je crois que chaque personne devrait être libre de choisir comment vivre sa vie du moment que cela ne met pas en danger la vie d'autrui. Par exemple, je vais encore être traité de tous les noms, je pense que chacun devrait pouvoir choisir s'il veut porter un casque en moto ou mettre sa ceinture de sécurité en voiture car si un accident arrive, seul sa vie sera en danger. Tout comme si une personne boit ou consomme de la drogue chez elle, cela la regarde. Mais si cette personne conduit sous l'emprise d'alcool ou de stupéfiant, elle met alors la vie des autres en danger et c'est à ce moment-là qu'il faudrait être beaucoup plus sévère.

Bien évidemment, chacun devra assumer ses choix et si la personne qui a eu un accident ne portait pas de casque, elle ne pourrait s'en prendre qu'à elle-même. Idem pour sa famille. Mais encore une fois, il existe tellement de règles et de lois de nos jours que les gens ont perdu l'habitude de prendre des décisions et le résultat est qu'ils n'assument plus leurs actes.

Je préfèrerais donc **que l'on m'informe au lieu de m'interdire ou m'obliger tout et n'importe quoi**.

Reprenons l'exemple du casque en vélo, il suffirait d'informer les gens du risque encourus et ce serait à eux de choisir si oui ou non il est nécessaire de porter ce casque. De plus, les choses interdites ou les obligations seraient alors des choses vraiment importantes et beaucoup plus prise au sérieux. Tandis qu'au jour d'aujourd'hui, au vu du nombre de règles, les gens en ont marre et ne font plus attention mais à ce qui est important.

Je terminerais ce petit coup de gueule en disant que les gens ont besoin d'un minimum de liberté pour se sentir en vie. Ils ont besoin de se faire plaisir. Et le simple fait de se faire plaisir leur redonnera le moral. Et si le moral est là, les gens participeront beaucoup plus à la vie de société, l'économie se portera mieux et tout le monde sera content.

Mais pour l'heure, seul un petit groupe de la population a la possibilité de vivre ainsi au-dessus des lois. Il s'agit bien sûr de nos très CHER politiciens.

En même temps, comme c'est eux même qui

rédigent les lois, ils ne vont pas se tirer une balle dans le pied.

Pourtant voilà quelques idées simples que j'aimerais bien voir appliquées :

A.   LA CREATION D'UN SYSTEME DE CONTROLE

Comme énoncer précédemment, ce sont les politiciens eux-mêmes qui proposent des lois. Mais cela ne peut fonctionner pour eux-mêmes. Il existe un problème de parti pris obligatoire et ils ne s'infligeront donc jamais de règles trop strictes.

C'est pour cela qu'il faudrait **mettre en place un système qui fonctionnerait de la même manière que celui d'un jury dans un tribunal.** Un groupe constitué au ¾ de citoyens tirés au sort et renouvelés à chaque fois, accompagné par ¼ de personnel issu du milieu de la justice, se réunirait régulièrement afin de pouvoir « gérer et réglementer » le monde politique. De cette manière, je pense que la démocratie sera nettement plus respectée.

D'autant que si l'on réfléchit bien, les politiciens sont des fonctionnaires payés par l'Etat et cet argent est issu des impôts payer par le peuple. C'est donc nous, les citoyens, qui sommes les employeurs de nos politiciens. Et ils doivent donc nous rendre des comptes comme dans toute entreprise.

Il ne s'est jamais vu que les employés d'une société rédigent eux-mêmes le règlement intérieur de cette entreprise sans concertations avec les dirigeants !

Ce groupe pourrait alors mettre en place les décisions suivantes :

B. <u>LE CUMUL DES MANDATS</u>

Commençons par le cumul des mandats. Cela fait un certain temps que j'entends que le cumul des mandats est interdit. Ce qui me parait normal car si une personne occupe deux postes, elle ne peut pas s'investir comme il le faudrait dans ses deux rôles.

D'autant que sur le plan financier, cette personne touchait les deux salaires plus les primes et tout ce qui va avec.

Le gouvernement a donc pris une bonne décision. Mais cela serait encore mieux de l'appliquer !

Pourquoi ai-je l'impression, comme à chaque annonce, que le gouvernement a encore joué sur les mots et qu'il nous a pris, encore une fois, pour des idiots ?

C. <u>DES REGLES PLUS STRICTES !</u>

Depuis quelques temps, une nouvelle mode à vue le jour, celle de démissionner en cours de mandat.

Pour moi, cela décrédibilise une fois de plus la politique à mes yeux. Le candidat a fait des pieds et des mains pour obtenir le poste et une fois élu, il démissionne ?!

Hormis pour des raisons réellement importantes comme un problème personnel ou familial. Ou bien afin de prouver un vrai désaccord avec sa hiérarchie, **cela devrait être tout bonnement interdit sous peine de devoir rembourser les frais de campagne et une interdiction d'éligibilité de 5 ans** puisque cette personne ne prend pas au sérieux la mission que lui a confié les électeurs.

De plus, **à la fin de leur mandat**, il faudrait **un contrôle** pour s'assurer que les postes occupés par d'anciens représentants de l'Etat ne représentent pas de danger ou de problème d'ordre moral et qu'ils ne tirent pas d'avantages financiers de leurs anciennes fonctions.

Aussi, lorsque j'entends qu'un ancien premier ministre, qui a été au sommet de l'état et qui connait donc tous ses moindres petits secrets, décide de se présenter à une élection dans un autre pays, cela me pose problème. Je me demande si la sécurité de notre pays n'est pas en danger.

D. LES AVANTAGES DE NOS POLITICIENS

De nos jours, j'ai l'impression que les gens font de la politique pour l'argent, le pouvoir ou la notoriété. Mais ce ne sont pas des emplois comme les autres. Lorsque l'on se présente à une élection, c'est avant tout par patriotisme, dans le l'idée de pouvoir améliorer la vie de ces concitoyens et de faire progresser le pays. Et non pas pour gagner confortablement sa vie et bénéficier de bons nombres d'avantages.

C'est pourquoi je pense qu'il faut **les réduire considérablement.** Je ne dis pas qu'il faut tout retirer car j'ai bien conscience que ces postes demandent beaucoup d'investissement personnel si l'on veut avoir de bons résultats. Et bien que le patriotisme soit le moteur principal, une certaine rémunération et des avantages représentent une certaine récompense pour cet investissement. Mais avec une limite.

Par exemple, je trouve que le salaire que ce verse notre président ainsi que celui de ses ministres est correct. Cela ne me choque pas outre mesure puisqu'ils ont tout de même la responsabilité de gérer tout un pays. Mais lorsque j'entends que des élus bénéficient d'enveloppes supplémentaires, là je dis non. Ou bien lorsque j'apprends que certains élus se sont achetés des biens immobiliers avec l'argent publique, la pilule a du mal à passer.

Et que dire des « retraites à vie » de nos ministres et les avantages de nos anciens dirigeants ? Si ce n'est tout simplement disproportionné ! D'autant que nos présidents sont de plus en plus jeunes et qu'ils retrouvent bien souvent un emploi dans le privé après leurs mandats. Alors que tout le monde doit faire des efforts et des sacrifices, j'ai l'impression que la classe politique est la seule à passer entre les gouttes et cela a assez duré !

E.   <u>LES PROMESSES DE CAMPAGNES</u>

C'est dans cette optique que je me pencherais

également sur les promesses de campagnes.

Comme vous l'avez sûrement constaté, lorsqu'une élection approche, il devient très fréquent de trouver nos amis politiciens sur les marchés, dans les lieux publics à serrer des mains, à se montrer proche du peuple dans des vidéos ou dans les médias. Et à chaque fois on entend les mêmes rengaines. Vous savez du celles du genre : « *Je vous ai compris* ».

Puis ils enchainent avec la seconde phase. Ils se mettent à promettre tout ce que le peuple a envie d'entendre. Bien évidemment, beaucoup d'entre nous ne sont plus dupes et savent très bien que ce ne sont que des belles parles.

D'ailleurs j'en profite pour aborder un point sans réel importance, mais qui a le don de m'agacer au plus haut point. Je préfèrerais vraiment que lorsque nos politiciens s'adressent au peuple, ils le fassent avec le cœur et sincèrement, au lieu de se contenter de lire un texte, écris par un sou fifre, et auquel ils ne croient même pas.

Mais certains espèrent encore et se disent que peut-être cette fois-ci, ce candidat est peut-être plus honnête que ces prédécesseurs. Malheureusement, au final, le résultat est toujours le même. Et les gens en ont assez.

Cela fait quelques temps que l'on entend les gens demander des garanties quant à ces promesses et j'avoue que je trouve cela intéressant. Mais afin de m'assurer que ces promesses ne sont plus simplement des parles en l'air, j'irais même encore plus loin et j'utiliserais la même technique qu'eux : la taxation !

Si à la fin du mandat, un minimum de promesses n'a pas été tenue, ils devront rembourser les frais de compagne qui ont été payé par l'argent publique. Et à cela s'ajouterait **une amende importante à titre personnel pour le candidat** et il en sera **de même pour son parti politique.** Cela les ferait peut-être réfléchir un peu avant de promettre tout et n'importe quoi !

F.   <u>LA FEUILLE DE PRESENCE</u>

Pour finir avec cette partie qui comme vous l'avez noté me tient à cœur, je voudrais évoquer le problème de la présence des députés dans l'hémicycle.

Ce n'est pas la première fois que le sujet est abordé et des règles ont déjà été mise en place notamment des sanctions financières pour les absents il me semble.

Néanmoins, lorsqu'une nouvelle loi est votée, bien souvent les sièges sont vides lorsque l'on voit les images aux journaux télévisé.

Afin d'y remédier une bonne fois pour toute, **pour qu'une mesure soit adoptée, il faudrait qu'un nombre minimum (50% par exemple) de députés soient présent dans leurs beaux fauteuils rouges au moment du vote.** Et cela vaudrait également pour toutes les organisations du gouvernement.

Je pense avoir fait le tour des principaux points concernant la politique. Je sais qu'il y aurait encore énormément à redire mais si déjà tout ce dont nous venons de parler était en place, cela serait déjà une belle avancée.

Ah oui j'allais oublier. **Les lobbyistes : ce serait tout simplement interdit et hors la loi** ! Nous sommes en démocratie et personne n'a le droit d'imposer ces choix. Les décisions doivent être prisent par le peuple et pour le peuple et non pas par des lobbyistes pour le compte des grandes entreprises.

V. <u>Les impôts</u>

Attaquons-nous maintenant à un sujet pas vraiment agréable : celui des impôts.

A la base, l'impôt a été créé pour financer les guerres durant le Moyen Age. De nos jours, il est utilisé pour faire fonctionner tous ce qui est publique.
Sur le principe, c'est une bonne idée puisque chacun profite à sa manière des prestations comme l'école, les soins, l'aménagement urbain et il est donc normal que tout le monde participe à part égal. Mais en réalité, plusieurs points noirs sont à signaler.

Aujourd'hui, seulement environ 45 % des français payent l'impôt sur le revenu et seulement 10 % en paye 70 % ! Je sais qu'en France être riche est mal vu mais je ne trouve pas cela très juste. Je vais me faire l'avocat du diable mais lorsque Mr Hollande avait instauré la mesure des fameux 75%, je m'étais imaginé à la place d'une personne à qui l'on prend les ¾ de ses bénéfices simplement parce qu'il avait beaucoup d'argent. Je trouve cela complètement injuste. Alors oui je sais que ces 75 % n'était pas sur l'ensemble de ses revenus et oui je me doute bien qu'il resterait bien assez à cette personne pour vivre plus que convenablement, mais sur le principe, je n'adhère pas.
Le fait d'avoir réussi sa vie ne doit pas avoir pour conséquence de se faire racketter davantage par l'Etat. Tout du moins en ce qui concerne l'impôt sur le revenu. **Chacun doit être égal devant l'impôt.**

C'est pour cela que je pense qu'il faudrait simplifier

au maximum le système et instaurer un taux fixe (10% par exemple) et égal à tout le monde, quelques soit le montant du revenu.

Ainsi, **tout le monde payera l'impôt sur le revenu**.

Imaginez si les 55% de français qui sont exonérés d'impôt sur le revenu ne payaient seulement que 50 € chacun ! Cela représenterait une sacrée somme !

Alors ça y est, vous vous dites il se prend pour le président Macron, il taxe les pauvres pour donner aux riches ! Non, je crois juste que tout le monde doit participer à l'effort collectif et 50 € n'est pas une somme insurmontable.

D'autant que pour les personnes se trouvant dans la difficulté à payer le montant de leur impôt, elles se verraient alors proposer la possibilité d'avoir le choix entre régler cette somme en totalité ou en partie et de compléter le restant par une journée de bénévolat dans une association caritative, un service public ou bien au sein d'un Ephad comme précédemment évoqué (ce ne sera pas forcément pour exécuter des soins. Cela pourrait aussi prendre la forme d'une réparation technique pour ceux qui en ont les connaissances et les compétences par exemple).

Ainsi, chacun aura apporté sa part à l'édifice, à sa hauteur, mais avec un taux fixe pour tout le monde pareil et les inégalités seront ainsi effacées.

D'une part les personnes payant l'impôt ne s'énerveront plus sur les personnes exempter. Et d'autre part, cela aura peut-être comme effet positif que les citoyens aient encore plus la sensation d'appartenir à un peuple uni. Je pense notamment aux personnes qui ne payaient pas l'impôt jusqu'à présent et qui pouvaient se sentir exclu du système.

Mais je suis d'accord, ce système a en effet un point noir. Il est vrai que si vous prenez 10 % à une personne gagnant 1000 € par mois et si vous prenez ces même 10 % à une autre personne gagnant plusieurs millions, au final proportionnellement, cela est injuste pour le petit salaire.

C'est pour cela que **je modifierais en complément le fonctionnement de la TVA.**

Aujourd'hui, le taux normal de TVA est de 20% et il existe des taux réduits à 10 % et 5,5% ainsi que le taux spécifique à 2,1 %. Pour ce qui est de son fonctionnement, en simplifiant au maximum, je dirais que le taux diminue pour les produits et services de prestation social par exemple.

Le système de TVA que je propose fonctionnerait complètement à l'inverse de celui en cours. Ainsi, les produits et services de base et de première nécessité comme les fruits et légumes, les médicaments, les soins « vitaux » (j'exclue par exemple la chirurgie esthétique hormis pour les cas d'accident), ce verrait attribuer un taux extrêmement bas (voir même nul dans le meilleur des cas). Et plus on avancerait dans le domaine du luxe, plus la TVA augmenterait pouvant atteindre par exemple 50 % pour des produits ultra luxe.

C'est ainsi qu'une bouteille de champagne à plus de 6000 € (bien souvent gaspillée à outrance par des jeune dont les parents sont millionnaires pour se prendre une douche alors que des personnes meurent de faim) se verrait affublée d'un taux de TVA des plus élevé. Tout comme les jets privés ou les voitures de sports.

Alors oui cela aura pour effet de rendre encore plus inaccessible ces produits aux communs des mortels mais n'est pas déjà le cas actuellement ? Et pour ce qui est des personnes achetant ce genre de produits, je ne pense pas que quelques milliers d'euros supplémentaires soit vraiment un problème pour eux. Et puis je pense qu'ils préféreraient cela plutôt que remettre le taux de 75 % !

De cette façon, l'égalité pour tous devant l'impôt serait encore une fois respectée, tout comme la notion de justice entre riches et pauvres puisque le taux de TVA pour les produits de base serait identique pour tous. Et plus on aurait les moyens de s'offrir des produits ou services haut de gamme, plus notre effort de participation pour le pays serait important. Ainsi, encore une fois, chacun participera à son échelle et dans la justice la plus totale.

Je voudrais enfin terminer ce chapitre en soulevant une interrogation. Au lieu d'ajouter régulièrement de nouvelles taxes, puis immédiatement après, créer de nouvelles aides pour les plus nécessiteux. Ne serait-ce pas plus intelligent de réduire ce nombre de taxes et ainsi réduire d'autant toutes ces aides que cela nécessite ? Je pense que les citoyens préféreraient pouvoir subvenir eux-mêmes à la totalité de leurs besoins sans avoir à demander des aides.

De cette manière, l'ensemble des français disposeraient de plus de pouvoir d'achat, ils pourraient alors se faire plaisir et dépenser leur argent dans les commerces, les parcs d'attractions, les spectacles et faire ainsi tourner d'avantage l'économie.

Petit aparté suite aux manifestations des gilets jeunes :

De nos jours, même avec un salaire, de plus en plus de personnes n'arrivent plus à joindre les deux bouts. Et à part créer des clans et diviser la société, le gouvernement ne fait rien pour arranger la situation. Le lendemain de la manifestation du 17 Novembre 2018 des gilets jaunes, j'ai écouté les informations à 13H et les premiers commentaires de nos élus ont été qu'ils ne modifieraient en rien leur programme et qu'ils allaient continuer sur leur lancée comme si de rien n'était. L'exécutif à continuer de mépriser le peuple et de le prendre de haut. Du coup, la colère du peuple est montée d'un cran et il s'est passé ce qu'il s'est passé sur les Champs Elysées. (Personnellement je soutiens bien évidemment les gilets jaunes mais je suis contre les attaques des commerces et les dégradations des bâtiments et objets historiques !). Et quel a été la réponse du gouvernement ?

Il a continué de rejeter la faute sur le peuple et sur les autres partis, puisque lui a toujours raison, et il continu d'agir comme si de rien n'était.

Mais attention, car comme le dit le dicton, à force de tirer sur la corde, elle va finir un jour ou l'autre par se rompre !

Et puis entre vous et moi, lorsque je vois ces membres du gouvernement se positionner en sauveur en expliquant qu'ils ne laisseraient pas bloquer le pays, alors que ce sont eux-mêmes les responsables de tout ce foutoir ! Cela a le don de me mettre encore plus en colère et apparemment, je suis loin d'être le seul.

Le respect ne s'obtient pas en posant simplement son séant sur un fauteuil attitré et en obtenant un titre. Il s'obtient à travers ses actes et ses actions. Se faire élire ne permet en rien de se prendre pour le maitre du monde. C'est pourquoi je n'ai absolument plus aucun semblant de respect pour notre gouvernement qui s'appuie sur ces acquis depuis bien trop longtemps à mon goût.

VI.   <u>Le monde du travail</u>

Par les temps qui court, avoir un emploi, qui plus est en CDI, est considérer comme une chance.

Il est vrai que depuis la crise de 2008, le monde du travail à nettement évolué, mais dans le mauvais sens.

Dans un sens, je comprends que les patrons ne souhaitent pas s'engager avec ce fameux CDI. Alors que nous sommes dans une période ou la vision sur l'avenir n'est pas évidente, il est normal qu'ils hésitent à s'engager sur du très long terme alors qu'ils ne sont pas certains de ce que demain sera fait. D'autant qu'en cas de conflit avec un salarié, l'employeur est bien souvent considéré comme le méchant de l'histoire et la plupart du temps, cela lui retombe sur le dos. Il ne faut pas oublier que l'entreprise lui appartient et il devrait être libre de la gérer comme il l'entend. Bien évidemment tout en respectant les hommes et femmes qui sont sous ses ordres. Car du côté des salariés, tout est loin d'être rose !

Il n'est pas rare de voir aux journaux télévisés des employeurs se plaindre qu'ils ne trouvent pas de salariés (un comble avec les temps qui court) ou bien que ceux-ci leur coutent trop cher en charges ou qu'ils ne sont pas assez productifs à leurs goûts. J'ai l'impression qu'il leur en faut toujours plus, mais s'en rien donner en retour.

Déjà le métier en lui-même a perdu tout son intérêt. Prenez par exemple un menuisier : auparavant, la plupart étaient à leur compte ou avaient intégré une petite structure familiale de 2 ou 3 personnes. Le patron était du métier ou avait repris l'affaire de famille dans laquelle il avait grandi. Il avait donc une reconnaissance pour le travail bien fait et les bons employés étaient bien souvent récompensés, ou tout du moins il leur faisait part de sa satisfaction de leur travail.

Et ce travail justement ! Pour devenir un bon menuisier, il fallait plusieurs années d'expérience. D'ailleurs la plupart passaient par la case « compagnon » qui les formait à la fois sur le métier mais aussi sur la vie en générale.

Quant au travail à proprement parlé d'un menuisier était de réaliser un projet de A à Z. Du début à la fin, ce n'était qu'un seul homme qui en avait la charge. Pour cela, il disposait d'un temps certes prédéfini mais ce qui primait avant tout, c'était la qualité finale du produit et la satisfaction du client. Ainsi, une fois ce projet terminé, la personne qui avait réalisé l'ouvrage pouvais alors éprouver une certaine fierté de son travail. Et pour couronner le tout, les projets étaient renouvelés en permanence puisqu'il s'agissait la plupart du temps de pièces uniques ou de petites séries.

Aujourd'hui, les apprentis suivent un parcours CAP, BAC ou encore BTS, durant lesquels on leur fait miroiter des carrières prodigieuses. Et lorsqu'ils arrivent dans une entreprise, ils sont affectés à une tâche bien particulière comme par exemple le tournage des pieds d'une chaise réalisée à la chaine. Le temps pour tourner ce pied a été scrupuleusement défini par le responsable ordonnancement à la seconde près, tout comme la matière première, les produits et consommables utilisés pour l'opération. Et pour cela on peut dire merci à la certification ISO 9001 dont le rôle est au final de faire en sorte que personne ne soit indispensable dans l'entreprise et que chaque poste puisse se voir appliquer un intérimaire sans formation spécifique, payé donc au smic, et qui pourrait appliquer le plus rapidement possible la méthodologie définie par le bureau de méthode et tenir la cadence imposée par l'entreprise. Tout ceci dans un souci de coût de fabrication et de bénéfices pour l'entreprise et ses actionnaires.

Bien sûr la qualité est passé au second plan et que dire de la fierté du travail de cet employé ?

D'autant que niveau remerciements du chef d'équipe et de l'entreprise, il ne faudra rien attendre de ce genre. Tout sera prétexte pour vous faire comprendre que vous coûtez de l'argent à l'entreprise et que vous n'êtes pas assez rapide.

Prenez les chauffeurs poids-lourds ou les techniciens se déplaçant sur les sites clients. Leurs véhicules sont désormais dotés de GPS permettant au patron de savoir exactement où ils se trouvent en permanence. Aussi, s'ils ont le malheur de s'arrêter 5 min pour une envie pressante ou bien s'ils doivent faire un détour à cause de travaux ou d'un accident, ils reçoivent immédiatement un appel du QG.

Et que dire des jeunes surdiplômés, sortant de leur école et croyant tout savoir sur la vie, et qui se retrouvent à diriger des hommes et des femmes ayant parfois plus de 30 ans d'expériences ?

Vous allez me dire qu'il y a tout de même des bons

côtés comme les primes de participations !

Encore une fois le temps ou les entreprises remerciaient équitablement ses employés est terminé !

Aujourd'hui, ce ne sont que des pions et des numéros à leur yeux. J'ai eu l'occasion de travailler pendant 2 ans dans une entreprise près de chez moi. Lorsque je parlais avec les quelques anciens irréductibles qui avaient passé toute leur carrière dans cette boîte, ils m'expliquaient qu'avant, leurs primes de participation pouvaient atteindre 2 ou 3 fois leurs salaires mensuels. Et que bien souvent, les projets qu'ils leur étaient confié étaient des projets spéciaux demandant du savoir-faire et de la technicité qu'eux seul maitrisaient.

Mais maintenant, depuis que leur boite a été racheter par un grand groupe Suisse, les projets spéciaux sont terminés et tous les bénéfices effectués en France se voient rapatriés en Suisse par toute sorte de combines à la limite de la légalité.

Par exemple, pendant que je travaillais chez eux, toutes les pièces étaient fabriquées en Suisses, et en France il n'y avait que des ateliers d'assemblages. Aussi, régulièrement, ils modifiaient légèrement une pièce. Par exemple ils déplaçaient un perçage de quelques millimètres, ce qui n'avait absolument aucune influence sur le produit final. Mais ils en avaient profité pour lui donner un nouveau numéro de référence et avaient indiqué que pour une mise à jour de l'ensemble il fallait utiliser cette nouvelle pièce. Ainsi, chaque atelier en France devait recommander un stock important de nouvelles pièces, alors même qu'ils leur restaient encore un bon stock des anciens modèles qui pouvaient tout à fait convenir. Et ceci était répété très régulièrement pour toutes les pièces de l'assemblage.

Bien sûr, tous les employés avaient bien compris la manœuvre (payer moins d'impôts). Mais de ce fait, la prime de participation étant basée sur les bénéfices déclarés, le montant de cette prime était de seulement 150 € durant les 2 années que j'ai passé avec eux.

Il y a bien sûr eux quelques rébellions mais l'entreprise n'en avait que faire. Apparemment elle était dans son droit puisque l'on ne peut pas prouver que ces changements mineurs n'étaient là que pour transférer l'argent des ateliers français jusqu'à la maison mère en Suisses. Et niveau moral cela étaient bien loin des problèmes des responsables.

Pour ce qui est des petites structures, le côté humain est nettement meilleur mais niveau financier, vous pouvez oublier les avantages comme les primes ou autre CE.

Tout cela pour vous dire que le monde du travail est devenu invivable. Aujourd'hui ce n'est que stress, dégout, pression hiérarchique, délais intenables, répétitions à la chaine sans aucun intérêt. Tout cela pour un salaire qui ne permet bien souvent plus de vivre correctement.

En ce qui me concerne, et après avoir essayé plusieurs voies, j'ai finalement compris que je n'étais pas fait pour travailler sous les ordres de personnes qui ne respectaient pas mon travail. J'ai donc créé ma propre autoentreprise et bien que je rencontre des soucis dans d'autre domaine (les joies de l'administration française, la banque, l'assurance, …) et que je ne gagne pas un salaire fixe aussi élevé qu'auparavant, j'ai la satisfaction de faire ce qui me plait, de la manière qui me plait.

Et par-dessus tout, ce que je fais, tout le travail que j'effectue, je le fais pour moi !!! Je suis payé à ma juste valeur. Ce n'est pas comme en tant que salarié, que vous ayez fourni un travail de força ou que vous vous la soyez coulée douce, le montant sur votre chèque à la fin du mois (hormis les commerciaux) sera le même.

Lorsque vous êtes à votre compte, si pour vous l'important est d'être zen, calme, alors vous travaillerez à votre rythme et votre chiffre d'affaire sera en conséquence. Mais si vous vous investissez à fond, que vous travaillez dur et bien, que vous fournissez un travail de qualité, votre chiffre d'affaire pourra alors très facilement décoller. Et cela sera d'autant plus vrai si vous faites quelques choses qui vous tient à cœur. Vous n'aurez même plus l'impression de travailler.

C'est pour toutes ces raisons que je pense qu'à l'avenir, **le CDI et le CDD sont voués à disparaitre**. Ils ne répondent plus aux problématiques du marché du travail actuel. D'ailleurs, certaines branches ont d'ailleurs entamé ce virage comme les VTC ou les livreurs.

De plus en plus de personnes vont devenir autoentrepreneurs et proposeront leurs services aux entreprises et particuliers. Idem pour la fonction publique, il n'y aura ainsi plus de différence entre privé et publique. Il n'y aura plus de relation patron / employeurs mais clients / prestataires de service ou sous-traitants. Les agences d'intérim, ainsi que le pôle emploi, proposeraient alors des contrats de prestations ou de sous-traitance entre les deux parties.

Cela pourrait-être une solution pour réduire les charges des entreprises et apporter plus de considération aux bons ouvriers qui pourraient mettre en avant leurs savoir-faire et ainsi demander des tarifs plus importants.

Cela permettrait également de se séparer plus facilement d'un employé ou d'un employeur une fois le contrat arrivé à terme.

La sécurité de l'emploi n'existerait alors plus. Malgré le risque de me mettre encore une fois beaucoup de personnes à dos, je ne crois pas que cela soit une si mauvaise chose. Cela évitera que les personnes, une fois leur CDI en poche, ne se reposent sur leurs lauriers. Et si vous effectuez un travail de qualité, je ne vois pas pourquoi l'entreprise voudrait se séparer d'un bon élément.

Cependant, certaines barrières pourraient venir jouer les troubles faits. Tout comme aujourd'hui, le fait d'arriver à un âge proche de la retraite par exemple est un frein pour retrouver un emploi. Bien que l'expérience puisse être mis en avant, afin de compléter cela, des avantages comme des taux réduits de RSI par exemple pour les entreprises signant un contrat avec des seniors pourrait-être mis en place.

Ce qu'il est important de relever, c'est qu'avec ce système, tout le monde sera patron ! De ce fait, tout le monde sera égale devant les prestations sociales car tout le monde cotisera de la même façon pour tout ce qui concerne la sécurité sociale ou bien encore la retraite (avec ce fameux RSI). Il faudra cependant revoir le fonctionnement du droit au chômage afin que tous les entrepreneurs puissent y avoir accès.

Enfin, afin d'encadrer un minimum l'ensemble de ce fonctionnement et pour éviter les abus dans un sens ou dans l'autre, un barème sera donné à titre indicatif en fonction de la prestation à réaliser. Comme cela, à chaque fois qu'une offre d'un client ou qu'un devis d'un prestataire sera proposé avant la signature d'un contrat, chacune des parties saura à quoi s'attendre et pourra juger de l'offre émise par la partie adverse et personne ne sera l'aisé.

Une autre alternative serait de continuer avec les CDI/CDD mais avec **des salaires fonctions des bénéfices de l'entreprise**.

Je m'explique : aujourd'hui, comme je l'ai expliqué un peu avant, peu importe le travail fournit ou la charge de travail de l'entreprise, le montant sur le chèque à la fin du mois est fixe. Ce qui n'est pas vraiment logique.

En effet, de mon point de vue, les deux parties sont perdantes. Si l'entreprise se trouve dans une période creuse, elle se retrouve à devoir payer ses employés alors qu'elle n'a pas de rentrée d'argent. C'est d'ailleurs à cause de cela que la majorité des entreprises refusent de signer des CDI. Mais d'un autre côté, si cette même entreprise se trouve dans une bonne période, les contrats pleuvent dans tous les sens, mais les employés ne percevront pas de bénéfices supplémentaires à la fin du mois.

C'est pour cela que si les salaires des employés étaient basés sur un pourcentage des bénéfices de l'entreprise au lieu d'avoir un taux horaire, ces derniers seraient déjà plus impliqués dans le résultat de leurs boites. Ils bénéficieraient, eux-aussi, obligatoirement des bonnes périodes en cas de pique de l'activité. Et en cas de creux, les entreprises ne se retrouveraient plus avec la corde au cou. Ainsi le nombre de CDI seraient beaucoup plus important puisque que la barrière principale serait tombée ! Et tout le monde aura fait un geste et y trouvera son compte.

VII. <u>La bourse</u>

De mon point de vue, la bourse est la principale responsable de tous les maux que nous rencontrons dans le monde moderne et si cela était possible, je l'interdirais purement et simplement !

Evadons-nous un court instant et imaginons ce que serait le monde si la bourse n'existait pas :

Commençons par la base puisque s'il n'y a pas de bourse, il n'y a pas d'actionnaire ! Ce qui veut dire que l'ensemble des bénéfices d'une entreprise seraient intégralement partagés entre les responsables de l'entreprise et les salariés. Finit le temps où ceux qui bossent se contentent des miettes pendant que ceux qui raflent le pactole sont les pieds en éventails.

De plus, s'il n'y a pas d'actionnaire, les entreprises ont donc des moyens beaucoup plus limités !

Les grands groupes et les très grosses entreprises n'existeraient donc pas, ou tout du moins ils seraient exceptionnels. A la place, il y aurait beaucoup plus de petites entreprises car elles ne se seraient pas regroupées et elles n'auraient pas été rachetées ou asphyxiées par ces mastodontes utilisant des techniques déloyales que les plus petites ne peuvent pas suivre. Les relations au travail seraient alors beaucoup plus humaines.

Point important, les entreprises ne seraient plus obnubilées par la satisfaction de leurs investisseurs. Elles seraient alors plus attentionnées en ce qui concerne la qualité des produits ou services qu'elles fournissent. Ainsi que par la satisfaction du client.

Si les grands groupes n'existaient pas, cela voudrait dire que leurs dirigeants avec des salaires plus que démesurés n'existerait pas non plus. Cela réduirait donc énormément la différence entre les plus riches et les plus pauvres et les richesses seraient donc plus équitablement répartis.

L'absence de la bourse aurait également pour effet de retirer le pouvoir aux lobbyistes et aux banques. Tout le monde sait que ce n'est pas le gouvernement qui gère réellement le pays mais bel et bien les puissants de ce monde. Les dirigeants politiques sont simplement leurs marionnettes qu'ils manipulent à leurs guises. Ils n'auraient alors plus autant de moyens pour corrompre ces politiciens sans honneur.

De plus, tous ces financiers sans états d'âme, passant leur journée au téléphone et devant leurs écrans, à faire la pluie et le beau temps sur le reste du monde, touchant eux aussi des salaires mirobolants, n'existeraient pas non plus. L'ensemble des prix seraient fixes ! Il n'y aurait plus cette fluctuation que nous subissons à tout bout de champ. Le prix du blé serait au même tarif tout le temps, le prix du baril de pétrole également.

Et ce n'est là qu'un léger aperçu des avantages de la disparition de la bourse.

Malheureusement, elle est bien présente et elle continue à nous gâcher la vie. La crise de 2008 n'ayant rien changé bien au contraire.

Les salaires des financiers sont repartis à la hausse et dépassent ceux d'avant la crise.

Tous les garde-fous, soi-disant mis en place afin d'éviter que cela ne recommence, ont été balayé en un revers de main. L'argent et la cupidité ayant été plus fort.

Les taux des actions s'affolent, continuant de faire vivre un calvaire au producteurs, paysans, agriculteurs.

Le prix des carburants devient incontrôlable.

On demande de plus en plus d'efforts aux ouvriers pendant que les revenus des actionnaires atteignent des sommets.

Le partage des richesses étant de moins en moins équitable, l'économie ne suit plus. Il faut donc augmenter les taxes et les impôts pour combler les vides. Ce qui a pour effet d'augmenter ces inégalités et de mettre encore plus à mal l'économie. Le peuple n'a plus les moyens d'acheter. Les entreprises ne vendent donc plus et elles ne gagnent plus d'argent. Elles ne peuvent plus embaucher et doivent même licencier. Ce qui appauvrit encore plus la population. Alors que dans le même temps, le nombre de millionnaires et de milliardaires n'a jamais été aussi élevés.

Et voilà comment on arrive aux conditions que l'on retrouve actuellement. Mais pour le gouvernement, apparemment tout va bien, il suffit de garder le cap.

C'est pour cela qu'au lieu de bloquer le peuple, ce qui n'a aucun effet comme nous l'avons vu précédemment, afin de les faire réagir, **je m'attaquerais à leur partie sensible : leurs porte-**

monnaie personnels !!!

Et pour les atteindre, tout en restant dans la loi, je m'en prendrais à la bourse. Vous avez vu la panique en 2008 ? Ils étaient tous terrifiés à l'idée de perdre leurs magots !

La solution pour se faire entendre est donc de faire baisser les actions et de rendre la bourse folle. Privilégié le petit artisan du coin au lieu de dépenser au centre commercial, développer le « faire soi-même ». Toutes ces petites actions, facile à mettre en place, qui sont légales, qui n'affectent pas les autres citoyens innocents comme c'est le cas pour les blocages. Et comme ces grandes entreprises fonctionnent à flux tendus, elles ne pourront pas tenir bien longtemps sans réaliser de ventes. Si vous ne me croyez pas, vous n'avez cas regardez la somme qu'on déjà perdu les grandes surfaces depuis le début de la crise des gilets jaunes !

Bien sûr il y aura des répercutions sur le peuple, tout comme c'est le cas en ce moment avec les blocages. Mais au moins, cela touchera aussi et surtout les responsables politique et les énarques.

VIII. <u>Conclusion</u>

Comme vous l'aurez compris, je ne suis absolument pas satisfait du monde dans lequel nous vivons à l'heure actuelle. Et au vu des différents actions de ces derniers jours, voire même ces dernières années puisque l'on assiste régulièrement à des manifestations de tous genre, je suis loin d'être le seul dans ce cas.

Dans mon imaginaire, un monde juste serait un monde dans lequel une personne ayant un emploi pourrait payer ces factures à la fin du mois, s'offrir quelques loisirs et vacances sans avoir peur du lendemain ou culpabiliser à outrance, avoir un logement digne de ce nom et se payer une voiture de moyenne gamme sans avoir à s'endetter sur plusieurs générations !

Alors oui, je sais que l'on ne vit pas dans un monde de bisounours où tout est « tout beau tout rose ».
Mais je crois que, en mettant en place des actions simples et logiques, il est possible d'améliorer la vie des gens et de les rendre plus heureux.

Encore faut-il réellement le vouloir….